中国农地流转价格分化研究

Study on Price Differentiation of Farmland Transfer in China

杜　挺　著

中国农业大学出版社
· 北京 ·

内容简介

本书从理论分析入手，系统探讨了农地流转价格分化的表征和本质；从时间、空间和结构维度系统分析了农地流转价格的分化特征及形成机制；从市场供需关系出发剖析了农地流转价格的分化趋势和内在逻辑；从维护国家粮食安全的视角分析了我国农地流转分化对粮食生产成本的影响。本书研究发现：(1)在时间上，我国农地流转价格存在逐步显化期、平稳发展期、高速增长期、增速放缓期4个分化阶段；(2)在空间上，我国农地流转价格呈现出东西向递减、南北向U型格局；(3)在结构上，我国农地流转价格存在显著的"用途分化"和"主体分化"特征；(4)我国农地流转价格的空间分化和结构分化呈现逐渐缩小趋势；(5)我国土地成本是粮食生产成本中涨幅最大和增速最快的生产要素，且土地成本占比的变化趋势与农地流转价格分化趋势高度契合。本书可作为开展我国农业地租研究的理论文献，也可作为制定农地流转市场调控政策的参考资料。

图书在版编目(CIP)数据

中国农地流转价格分化研究/杜挺著．—北京：中国农业大学出版社，2021.2
ISBN 978-7-5655-2458-5

Ⅰ.①中… Ⅱ.①杜… Ⅲ.①农业用地-土地流转-价格-研究-中国
Ⅳ.①F321.1

中国版本图书馆CIP数据核字(2020)第213348号

地图审核批准号：GS(2020)6783号

书　　名　中国农地流转价格分化研究
作　　者　杜　挺　著

策划编辑　潘晓丽　　**责任编辑**　刘耀华　张士杰
封面设计　郑　川
出版发行　中国农业大学出版社
社　　址　北京市海淀区圆明园西路2号　　**邮政编码**　100193
电　　话　发行部 010-62733489,1190　　读者服务部 010-62732336
　　　　　　编辑部 010-62732617,2618　　出　版　部 010-62733440
网　　址　http://www.caupress.cn　　**E-mail** cbsszs@cau.edu.cn
经　　销　新华书店
印　　刷　北京虎彩文化传播有限公司
版　　次　2021年2月第1版　　2021年2月第1次印刷
规　　格　787×1 092　　16开本　　10.5印张　　176千字
定　　价　42.00元

序

杜挺在攻读博士期间，全面参与了我承担的“耕地质量等别在耕地资源资产核算中的应用研究”、自然资源资产核算以及农村土地制度改革相关课题的研究。在课题攻关期间，他不仅亲自参与设计了国土资源部全国农地流转价格调研，而且还利用寒暑假组织全国多所重点院校学生积极开展农村土地流转调研。继这之后，他进一步思考、提炼、分析，并多次与我探讨农地流转方面的经济学理论问题，经过反复研讨，最终选择此方向作为博士学位论文选题。可以说，他在农地流转方面进行的长期积累和扎实调研，为他开展大空间尺度、长时间序列的农地流转价格研究奠定了坚实基础。经过4年的努力，杜挺圆满地完成了预设研究内容并博得答辩专家的高度评价。如今杜挺将博士论文修改成书并邀我做序，我便欣然答应，也算是对其今后人生道路的鼓励与鞭策。

当前，我国工业化、城镇化进程不断加快，在农村劳动力逐步向城镇转移的背景下，推动农村土地健康有序流转具有十分重要的意义。据相关统计，2018年年末，我国城镇常住人口8.13亿，城镇化率为58.49%，农村常住人口5.77亿。依照国际惯例，城镇化率达到70%后趋于平稳，按此标准，届时我国留在农村的人口大约为4亿人，按现有的人口规模计算，则有将近2亿人需要从农村转移到城镇。在此格局下，将这些常年在城镇务工的农民所承包的土地有序地流转出来，既是解决务工农民的后顾之忧、有效遏制耕地撂荒的现实需要，又是促进农业适度规模经营的惠农需要，更是利用先进农业技术装备建设现代农业的强农之举。

诚然，农地流转意义重大，但当农地作为一种可交易的资源在市场中进行再配置时，也无法回避客观经济规律的作用。在农地流转过程中，遵循市场规律，则有利于农地流转市场健康有序发展，对优化土地资源配置无疑大有裨益；而违背市场规律的流转行为，注定是不可持续的，甚至会给农业发展带来灾难性后果。据统计，截至2017年年末，我国农地流转率已达到37%，即目前我国已有超过 1/3 的农地发生了流转。众所周知，市场机制的本质是价格发现，我国要想促进农地流转市场健康有序发展，迫切需要补上农地流转价格发现机制的短板。由于种种原因，我国农地流转价格的研究还十分薄弱，特别是大空间尺度、长时间序列的分析至今尚属空白，以至于决策层、理论界和实际工作者对我国农地流转价格现状还缺乏全面的认识。因此，开展高层次的农地流转价格系统研究是一项重大而迫切的科学命题。

该书从理论分析入手，系统探讨了农地流转价格分化的表征和本质，从时间、空间、结构 3 个维度全面分析了农地流转价格的分化特征及形成机制，从市场供需关系出发剖析了农地流转价格的分化趋势和内在逻辑，从维护国家粮食安全的视角分析了我国农地流转分化对粮食生产成本的影响，理论分析和实证分析都比较扎实。该书取得了一些重要发现，一是提出了在时间上，我国农地流转价格存在逐步显化期、平稳发展期、高速增长期、增速放缓期 4 个明显的分化阶段的判断；二是提出了在空间上，我国农地流转价格呈现出东西向递减、南北向 U 形格局；三是提出了在结构上，我国农地流转价格存在显著的“用途分化”和“主体分化”特征；四是做出了我国农地流转价格的空间分化和结构分化呈现逐渐缩小趋势的研判；五是提出了我国土地成本是粮食生产成本中涨幅最大和增速最快的生产要素，且土地成本占比的变化趋势与农地流转价格分化趋势高度契合的观点。这些研究结论有较高的理论创新价值和较高的政策使用价值。

杜挺毕业后曾被派到农村基层挂职锻炼，后又回到高校继续从事教学科研工作，可以说是一位既有专业理论知识又有基层工作经验的青年教师。因此，我相信，他的这些经历和积累一定会成为他日后开展农村土地经济与政策研究的宝贵财富。希望他能一如既往地乐观向上，不忘初心，继续前行。

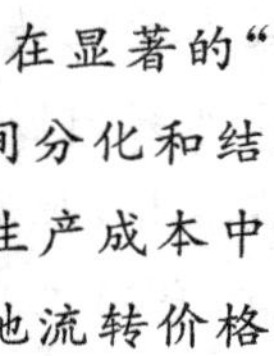

2021 年 1 月 1 日

前　言

农地既是农村最主要的自然资源，又是农业最重要的生产资料，还是农民最基本的生存保障，因此，其在“三农”发展中起着至关重要的作用。据统计，1978—2007年的30年里，我国农地流转率仅为5.2%，但此后我国农地流转却呈现暴发式增长，仅用了10年就达到了37%(2017年年末)，全国超过1/3的农地发生了流转。一时间，我国农地流转问题成为国内和国际社会普遍关注的热点话题。理论界有人发微探幽，旁征博引，力主加快；舆论界摇旗呐喊，擂鼓助阵，大炒典型；实践者摩拳擦掌，跃跃欲试，准备接地。毋庸置疑，农地流转规模的扩大，对于促进农地资源优化配置，加快产业结构调整，发展现代农业具有诸多积极的意义。但是，农地流转作为一个经济现象，要想取得较为理想的成效，就必须遵循客观经济规律，人为地加快或放慢均可能造成事与愿违的结果。

众所周知，价格机制是市场机制中的基本机制，农地流转价格既是反映供求关系的指示器，也是国家宏观调控农地流转市场的重要抓手。一个科学、合理的农地流转价格体系是农地市场有序发展的前提，农地流转价格过低或过高都不利于农地流转市场的可持续发展。农地流转价格过低，会抑制农户转出农地的意愿，不利于农地流转市场的良性发展；农地流转价格过高，又会挤压农地转入方的生产利润空间，加剧农业经营风险。2015年以来，我国北方部分粮食主产区开始出现种粮大户毁约弃耕的现象，且这种现象在随后两年报道的范围更广，次数更为频繁。而这些现象的背后无一例外地指向同一个问题——农地流转价格。那么我们不禁要问，我国农地流转价格在近些年到底发生了什么变化，以至于种粮大户毁约弃耕呢？然而，由于当前农地流转市场机制不健全、农地流转价格动态监测系统缺乏、农地流转交易信息平台建设滞后等原因，造成我国农地流转价格研究严重滞后于实践需求，进而导致决策层、理论界和实际工作者至今仍缺乏对农地流转价格情况的总体判断。例如，部分学者利用农户抽样调研数据分析认为，当前农地流转价格整体偏低，不利于保护农地流出方的利益并加剧农村居民收入的两极分化；而另一部分学者则通过调研发现，随着近年来农地流转价格的不断攀升和高位运行，农地流转“非粮化”乃至“非农化”的趋势日益明显，并呼吁警惕“地租侵蚀利润”带来的风险。一时间，众说纷纭，莫衷一是。鉴于此，本研究拟在大量实地调研数据、统计资料和网络调查数据的基础上，对我国农地流转价格开展大尺度、长时间、多维度的分析，以期为当前农地流转实践和理论探索提供有力参考。

本书共分8章，除第一章、第二章侧重理论分析和第八章侧重总结提升外，其余5章大致按照特征、机制和效应3部分进行布局。其中，第三章到第五章侧重农地流转价格分化的特征分析；第六章侧重从供需理论出发分析农地流转价格分化的本质；第七章侧重分析农地流转价格分化对我国粮食生产成本收益造成的影响。具体来讲，第一章介绍了农地流转价格分化研究的背景意义、国内外研究进展、研究内容及技术路线；第二章主要从农地流转价格分化的概念、表征和本质、基本理论等方面阐述有关基本概念、基本知识和基本原理；第三章到第五章分别从时间、空间和结构3个维度对我国农地流转价格分化的特征进行了详细的论述；第六章从供需理论出发，对农地流转价格分化的本质及内在逻辑进行了深入挖掘，揭示了近年来我国农地流转价格分化的内在原因；第七章在前文表征和本质分析的基础上，对我国农地流转价格分化的影响开展了分析，侧重剖析了农地流转价格分化对流转种粮生产成本的影响；第八章对全书内容进行总结升华。

本书的出版得到了中国农业大学土地科学与技术学院的大力支持和热情帮助，特别是我的导师朱道林教授对此书的成文和出版倾注了大量心血，在此特致谢意。

由于编者水平有限，错误或不足之处在所难免，敬请读者批评指正。

杜　挺

2021年1月

目　录

第一章　绪　　论

第一节　研究背景与意义

土地是人类赖以生存的最基本资源，是中国农民最为可靠的生活保障，更是中国农村经济发展和农民生活不可缺少的物质载体。农业的发展、农村的进步和农民的增收都离不开土地，这就决定了土地问题将是“三农”问题的核心所在。党的十一届三中全会确立的家庭联产承包责任制，实现了土地所有权和土地承包经营权的分离，使农民获得了土地上的剩余索取权，在一定时期极大地改善了农地配置效率[1,2]。但是，家庭联产承包责任制作为一种土地产权制度安排，它难以一劳永逸地解决我国农村发展进程中的所有问题。该制度的边际效应在20世纪80年代中期后开始递减，并随着我国工业化和城镇化的快速推进，暴露出诸多与经济社会发展不相适应的现实矛盾。这些矛盾主要表现在4个方面。

第一，农地资源稀缺与闲置浪费之间的矛盾。20世纪90年代以来，随着我国工业化和城镇化的快速发展，一方面大量农地向非农用途转移，农地资源的刚性约束日趋增强；另一方面大量农村人口向城镇转移，农业劳动力不断减少，从而导致农村地区“有人没地种，有地没人种”的矛盾日益凸显。

第二，农户小规模分散经营与现代农业集约化生产之间的矛盾。分散农户“小而全”的模式，难以适应全球农业专业化分工的发展趋势，突出表现为农户弱小的谈判地位难与瞬息万变的市场抗衡，面对市场的专业配置显得弱小无力。

第三，个体农户抗风险能力低与市场风险多变之间的矛盾。家庭联产承包责任制重新构建了农村经济的微观主体，但随着我国加入世界贸易组织（WTO），全球一体化进程加速，市场风险日益加剧，小农户由于在资金、信息、技术和渠道等方面处于弱势，很难与市场化的风险抗衡，无法形成有效的国际竞争力。

第四，农地细碎化与农业技术和农业机械推广之间的矛盾。我国人均耕地面积约0.1 hm^2，仅为世界人均耕地面积的1/3，这种超小规模的经营模式加剧了农地的细碎化。农地细碎化不仅阻碍了农业机械化的发展和农业规模效益的发挥，而且也对农田水利基础设施建设，以及农业新品种、新技术的推广普及产生了不利影响。解决问题的关键在于用有限的农地通过提高利用效率创造更大的价值。要实现“规模化、集约化、现代化”的农业发展模式，就必须解决农地资源再次分配问题，即通过农地流转实现农地资源的再配置。

我国农地流转从20世纪80年代初期开始到现今已经近40年，但它的发展并非一帆风顺。改革开放后，农地流转经历了由“禁止流转”到“放开流转”，再到“规范流转”“鼓励流转”的制度变迁，农地资源配置取得重大进步。虽然自20世纪80年代中期以后，农地流转的面积和比重在逐渐增加，但在较长时期内(1978—2006年)，我国农地流转的规模进展十分缓慢，截至2006年，全国农地流转率仍不到5%。近年来，随着经济社会的持续发展，城镇化、工业化进程的快速推进，以及改革开放力度的不断加大，农民的收入结构、农业生产方式和农作物经营模式等发生了一系列变化。农地作为农业生产的基本生产资料，其流转现象日益普遍，流转规模不断扩大。特别是2006年取消农业税以后，我国农地流转开始走上快车道。据农业农村部统计资料显示，2006—2017年，我国农地流转率从4.6%上升到37.0%，以年均2.7%的速率增长(图1-1)。

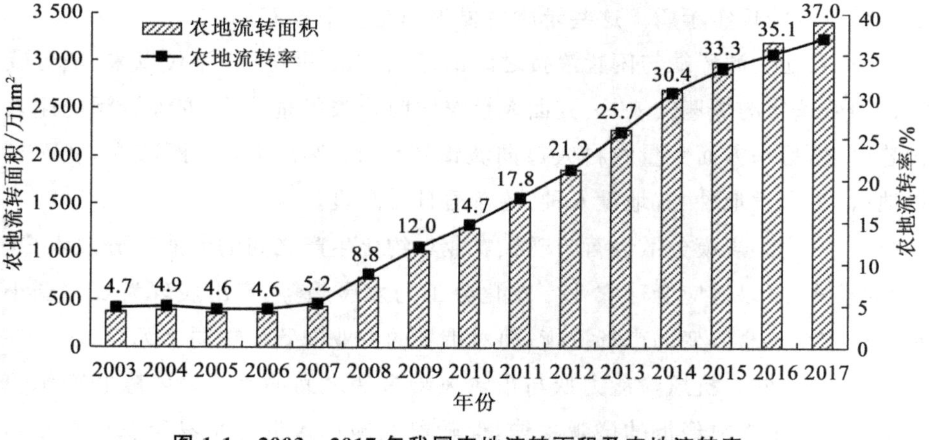

图1-1　2003—2017年我国农地流转面积及农地流转率

(数据来源：中华人民共和国农业农村部)

众所周知，价格机制是市场机制中的基本机制，农地流转价格既是反映供求关系的指示器，也是国家宏观调控农地流转市场的重要抓手。一个科学、合理的农地流转价格体系是农地市场有序发展的前提，农地流转价格过低或过高都不利于农地流转市场的可持续发展。农地流转价格过低，会抑制农户转出农地的意愿，不利于农地流转市场的良性发展；农地流转价格过高，又会挤压农地转入方的生产利润空间，加剧农业经营风险。2015 年以来，我国北方部分粮食主产区开始出现种粮大户毁约弃耕的现象，且在随后两年这种报道更为频繁。而这些现象的背后均无一例外地指向同一个问题——农地流转价格。那么我们不禁要问我国农地流转价格在近些年到底发生了什么变化，以至于种粮大户毁约弃耕呢？然而，由于当前农地流转市场机制不健全、农地流转价格动态监测系统缺乏、农地流转交易信息平台建设滞后等原因，造成我国农地流转价格研究严重滞后于实践需求，进而导致决策层、理论界和实际工作者至今仍缺乏对农地流转价格情况的总体判断。例如，部分学者利用农户抽样调研数据分析认为，当前农地流转价格整体偏低，不利于保护农地流出方的利益并加剧农村居民收入的两极分化[3-6]；而另一部分学者则通过调研发现，随着近年来农地流转价的不断攀升和高位运行，农地流转“非粮化”乃至“非农化”的趋势日益明显，并呼吁警惕“地租侵蚀利润”带来的风险[7-10]。鉴于此，本研究以国土资源部和中国土地政策与法律研究中心的全国调研数据、国家发展和改革委员会和农业农村部的统计资料、网络调查数据为支撑，从时间、空间和结构 3 个维度全面揭示我国农地流转价格的分化特征、演化趋势及形成机制，并从国家粮食安全的视角，讨论农地流转价格分化对我国粮食生产成本的影响，最后基于既有分析结论提出具有针对性的政策建议，以期为丰富农地流转价格理论，指导农地流转实践提供参考借鉴。

综上所述，本书的研究意义如下：

1.理论意义

本研究通过对已有文献的梳理，归纳出农地流转价格分化的概念和内涵，探讨了农地流转价格分化的表征和本质，并从时间、空间和结构 3 个维度构建了农地流转价格分化的分析框架，丰富了农地流转价格方面的理论研究。同时，在全面分析农地流转价格分化特征与形成机制的基础上，揭示了农地流转价格分化的变化趋势，并从供需关系视角剖析了农地流转价格分化的内在逻辑，为客观认知农地流转价格分化的特征、机理提供了理论依据。

2.实践意义

农地流转价格问题，事关国家粮食安全、农村的稳定发展和农民的切身利益。

探讨农地流转价格分化，在实践层面上的意义表现为：本研究从时间、空间和结构3个维度全方位揭示我国农地流转价格的总体特征和发展趋势，弥补了现阶段我国农地流转价格宏观分析的空白，可为决策层、学术界和实践工作者全面认识我国农地流转价格的现实国情提供基本判断；通过农地流转价格分化机制的系统分析，可为规范农地流转、完善农地流转价格形成及运行机制提供科学依据；通过分析农地流转价格分化对粮食生产成本的影响，可为防范农地过度资本化，适时调控农地流转价格提供实践参考。

第二节　国内外研究进展

一、农地流转研究进展

以往的文献研究大都基于学者的经验判断，从而不可避免地存在不同学者之间的认知偏差。为客观反映农地流转领域的研究重点和研究进展，本书基于中国知网数据库（CNKI），以"农地流转""土地流转""耕地流转""承包经营权流转""土地经营权流转"等为关键词进行检索，并在文献整理基础上进行计量可视化分析。鉴于文献期刊质量良莠不齐，为避免普通期刊对文献分析的干扰，在期刊来源中仅选择"SCI 来源期刊""EI 来源期刊""核心期刊""CSSCI""CSCD" 5 项。同时考虑到 2019 年文献无法完整统计，故设定文献时间为 1978—2018 年。通过 CNKI 检索，一共检索出核心期刊以上文献 3 510 篇（图 1-2）。从图 1-2 中可以看出，我国农地流转研究大致可划分为 3 个阶段：①第一阶段为 1992—2001 年，这一阶段学术界较少关注农地流转问题，多数年份的核心期刊发文量在 10 篇以下；②第二阶段为 2002—2007 年，这一阶段农地流转方面的研究较上一阶段明显增长，核心期刊年均发文量约为 64 篇；③第三阶段为 2008 年以后，这一阶段有关农地流转方面的研究呈现暴发式增长，核心期刊年均发文量迅速攀升至 200 篇以上，并持续稳定在年均 270 篇左右。在文献整理的基础上，本研究按照被引率 30 次以上筛选核心文献，共计筛选出 477 篇重要文献，同时利用中国知网的"计量可视化分析"工具对文献进行定量分析。考虑到关键词较多，若全部纳入将会掩盖研究重点，为此，本研究仅选择出现频率 6 次以上的关键词建立共现网络图（图 1-3）。从图 1-3 中可以清晰地看出，我国农地流转关键词主要集中在影响因素分析、农户调查研究、土地

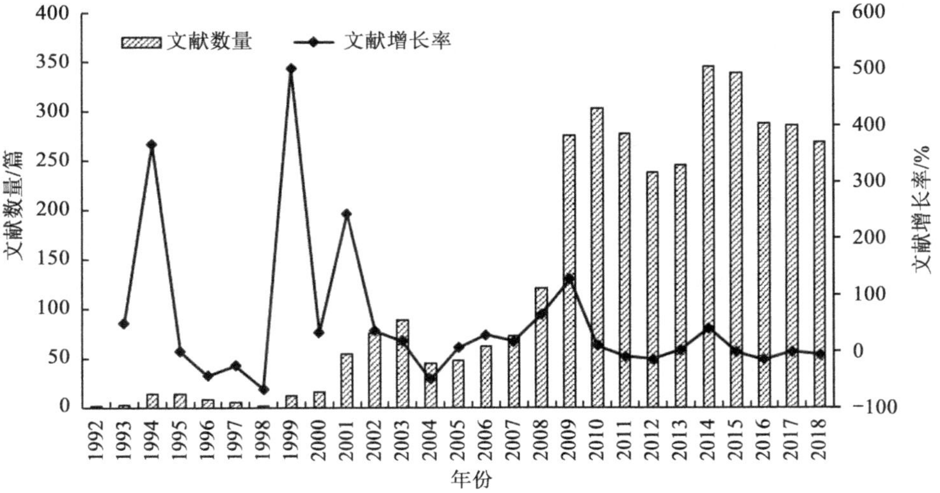

图 1-2　1992—2018 年农地流转研究核心文献数量情况

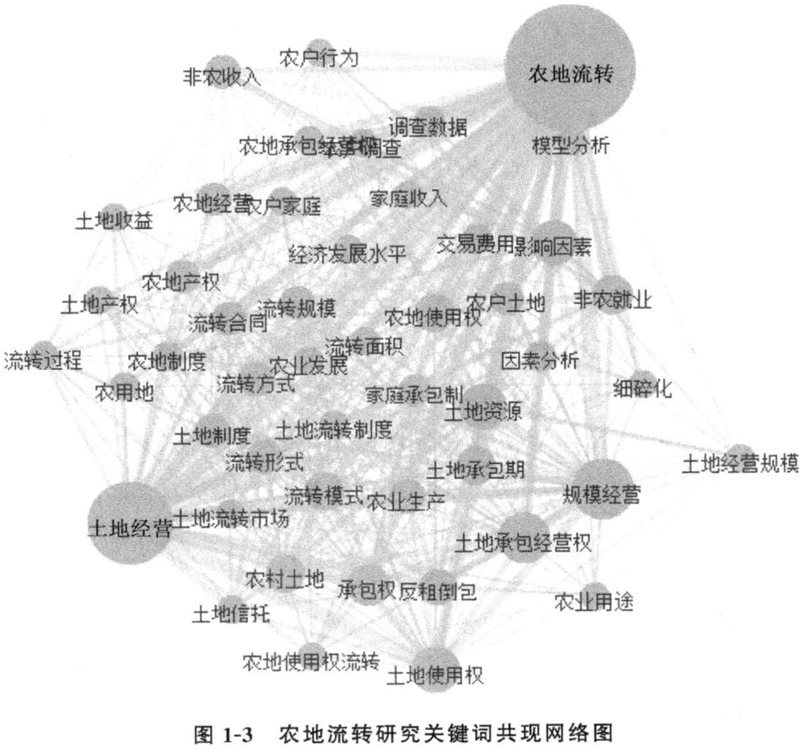

图 1-3　农地流转研究关键词共现网络图

制度变迁、农地流转模式以及农业规模经营 5 个方面。相比国内，国外大部分国家都实行土地私有化，农地可以直接自由地进入市场进行交易，国外很少使用农地流转这个概念，更多使用的是农地交易、农地租赁。鉴于此，本研究基于 Science Direct、Elsevier、Springer 等国外数据库，以 land transfer、rural land transaction、agricultural land sale、agricultural tenancy、land rental、farmland rental、rural land trade 等关键词进行检索，共计检索到 3 547 篇文章。研究发现，这些文章中大都与农地流转或农地交易无关，本研究从中精选出 151 篇与本研究主题高度相关的文献进行分析。总的来看，国外学者虽然视角与国内学者略有不同，但研究主题与国内仍有较大关联性。因此本节以国内研究为重点，结合国外部分重点文献梳理农地流转研究进展。

(一)农地流转的现状研究

国外有关农地交易方面的研究相对丰富，从现有文献来看，国外学者对农地流转现状的研究主要集中在俄罗斯、中欧和东欧地区以及其他发展中国家。WEGREN[11, 12]对俄罗斯实行农地制度改革以来的农地交易和农地市场发展状况进行了研究，研究显示，自 1990 年实行土地私有化改革以来，俄罗斯农地市场实现了快速发展，农地流转非常活跃。统计数据显示，在 1995 年，农户参与农地交易的比例约为 25%，到 2000 年，农地交易占所有私人交易的比例达到 42%。在中欧和东欧国家，由于诸多原因(如政府的直接或间接干预)，农地私有化改革不但未能带来农地市场的繁荣，反而由于农地产权的过度细碎化，导致农地难以有效地集中经营[13, 14]。如 DUKE 等[15]等对斯洛伐克的农地市场研究发现，斯洛伐克的农地私有化改革加剧了农地的细碎化程度，加之政府对农地市场的过度干预，导致交易费用高昂，阻碍了农地流转交易，使得农地资源配置难以达到最优。RAWAL[16]研究表明，印度通过 20 世纪 70 年代的土地制度改革，让大量无地或少地的农民获得了农地。相对而言，印度的农地买卖市场远不如农地租赁市场活跃。调查数据显示，在 1977—1999 年，印度被买卖的农地仅占 0.19%～1.23%，而同期大约有 20%的印度农户是通过佃农登记而获得农地的。

国内学者分别从全国和区域尺度对农地流转实践开展了广泛的调查研究。在全国层面，刘守英[17]、叶剑平等[18]、钱忠好和冀县卿[19]等对我国农地流转现状的调查研究发现，我国农地流转速度明显加快，土地规模经营和流转已初具规模，农业经营主体呈现多元化特征，农地细碎化的现象有所减轻，但也存在农地流转总体水平不高、农地行政性调整时有发生、农地流转自愿程度下降、农地流转签订合同比例不高、农地非粮化和非农化等问题。在区域层面，孔祥智[20]等通过对浙江、安徽和四川3省的实地调研发现，三省的农地流转在流转规模、流转增速、流转形式、流转程序以及市场化发育程度等方面具有显著差异，并普遍存在流转信息不畅、农民主体地位保障不充分、集体“流转工作经费”使用不够透明等问题。王欢[21]以西安为例分析了大城市郊区的农地流转特征，研究发现，与远郊区相比，近郊农地流转呈现出流转率高、农户流转意愿强烈、流转价格高、年期长、流转后用途多样化等特点。为促进农地流转市场健康有序发展，学者建议：一方面，应继续沿着“还权赋能”的改革大方向，给予农民和地方更多自由选择权；另一方面，在积极引导农地流转市场的同时，应减少行政干预，充分发挥市场在资源配置中的基础性作用，创造更加有利的市场环境[22-25]。

(二)农地流转的影响因素研究

农地流转的影响因素研究是国内外学者持续关注的热点。从研究层次来看，农地流转影响因素的研究可从宏观和微观两方面进行划分。

在宏观层面，学者普遍认为产权制度、外部环境以及交易费用是影响农地交易的三大关键因素。在产权制度方面，多数学者认为，清晰、明确的产权制度安排能够降低农地交易成本，并能够把农地配置给最有效率的农户从而提高土地资源的配置效率，进而推动农业的规模经营和提高农业产出率[26-28]，如CHENG等[29]和LUO[30]在实证分析农地产权改革对农地流转市场影响时发现，农地产权改革通过促进租赁合同的正式化和促进农地向高效使用者流动，提高了土地租赁市场的效率。在外部环境方面，学者认为，有效的农地市场不仅要求有清晰的产权界定，而且还需要具备与之相匹配的外部环境[31]。BINSWANGER等[32]指出，持续存在的土地、劳动力、信用及商品市场的扭曲是资源配置效率下降和经济发展迟缓的主要原因。土地所有权和使用权的流转会使土地资源配置更有效，并刺激土地资源开发的深度投资，减少农户的风险规避行为。KIMURA等[33]指出，发展中国家正经历大规模的农业劳动力迁移，此时构建功能完整的农地租赁市场对提高农民收入水平、促进农业生产发展至关重要。不稳定的制度环境限制了农村劳动力向城市迁移，阻碍了农户参与农地租赁市场[34, 35]。在交易费用方面，科斯认为交易费用就是利用价格机制的费用，是获得准确市场信息所付出的费用，以及谈判和经常性契约的费用[36]。由于农地流转过程中需要寻找交易对象、订立契约等，这些都需要支付交易成本，因此交易费用的大小是影响农户是否愿意参与农村土地交易或流转的一个主要因素[37]。Le 等[31]对越南中北部农村地区的研究发现，通过降低信息不足、机会主义和产权不稳定性等交易成本，可以增加市场参与者的数量，促进农地配置效率的提高。包宗顺[38]依据江苏 300 个农村的问卷调查资料，实证分析了交易费用对农地流转的影响，研究发现，通过发挥合作社在农地流转中的中介作用，可以节省交易成本并加快土地经营权的流转。

在微观层面，学者对农户流转意愿及流转行为开展了广泛的实证分析，有学者专门研究单因素与农户流转行为之间的关系，也有学者综合考虑多因素对农户流转行为的影响。在单因素研究方面，学者围绕农业劳动力转移、农地产权、农地确权等因素探讨其对农户流转行为的影响，如 SU 等[39]研究发现，农民工就业稳定性对其农地转移行为具有显著的正向影响，特别是农民工在城市定居的意愿是影响农地转出的一个重要的中介因素。马贤磊等[40]通过实证分析发现，农地产权安全性会形成生产性效应、交易价格效应和交易成本效应，进而影响农户农地流转行为。KEMPER[41]、丰雷等[42, 43]、程令国等[44]研究发现，农地确权不仅降低了交易成本，促进了农地流转，还对活跃农村信贷市场产生了积极作用。在多因素研究方面，学者围绕农户个人特征、家庭特征、社会经济状况、外部条件等方面构建综合指标，探讨其对农户流转行为的影响。RAHMAN[45]研究发现，社会经济因素对农民参与农地租赁市场行为的影响较大，且对租入方和租出方的作用方向相反。对于耕地不足但牲畜和其他农业资产较高的农户，以及位于基础设施发达和土壤肥沃地区的农户，租入农地的可能性较高；而对于拥有耕地较多但农资和牲畜资源不足、受教育程度较高、生活压力较小的农民而言，其转出农地的可能性较大。MIN 等[46]在探讨老龄化、产权有效性、民族性与农地流转关系时发现，家庭中老年人比例越高，转出土地的可能性就越大，转入土地的可能性就越小；农地使用证的有效性对农地转出具有显著的正向影响；少数民族家庭或地区转出土地的可能性较小。

（三）农地流转模式研究

随着农地流转现象的增多，各地农地流转模式日益成为学者关注的焦点。早期的农地流转模式主要集中在转包、租赁、反租倒包、股份合作、土地信托、土地置换 6 种类型[47-49]。随着各地农地流转实践的发现，农地流转模式日趋多样。不同学者从不同视角对农地流转模式进行了总结。从农地流转实践的地域出发，蔡玉胜[50]将现阶段农地流转模式总结为 6 种："确权赋能"的成都模式、"宅基地换房"

的天津模式、“两分两换”的嘉兴模式、“租赁经营”的金华模式、“股份合作”的宁阳模式、“耕地季节性集中”的温州模式。徐鲜梅[51]则根据农地流转的代表性和特殊性将其划分为良乡模式、新凤模式、则字模式、梅南模式、东林模式5类。从农地流转的动力角度出发，孔祥智和彭超[52]将农地流转市场的发展总结为5种模式：交易平台推动模式、财政杠杆撬动模式、专业大户带动模式、龙头企业拉动模式、合作组织发动模式。根据利益主体不同，于传岗[53]将农地流转模式分为政府主导型模式、集体主导型模式与农户主导型模式。仇娟东和赵景峰[54]将我国农地流转模式划分为直接式流转、政府参与式流转和中介参与式流转3种类型。当然，不同类型的农地流转模式并不是单独存在的，而是多种类型的农地流转模式并存[55]，如晋伟[56]所分析的4种农地流转模式（桦川模式、桦南模式、克山模式和依安模式）均为多元混合型的农地流转模式。值得说明的是，虽然农地流转形式众多，但从实践层面来看，转包和出租仍是农地流转的主要形式。据农业农村部统计数据显示[57]，截至2016年年底，以转包和出租方式流转的农地分别占到流转总面积的47.1%和35.1%。

（四）农地流转、规模经营与农业绩效研究

农地流转仅仅是发展现代农业的一个基础，而真正关键的是农地流转带来的农业生产效率的提高。为此，国内外学者围绕农地流转、规模经营与农业绩效的关系开展大量研究，总的来看，学术界存在积极、消极和中立3种不同的观点。较多的学者认为农地流转促进农业规模经营，从而带来规模经济和效率的提高。VRANKEN、SWINNENJ[58]和JIN、JAYNE[59]的研究显示，良好的农地租赁市场可以将农地配置给更有能力的农业生产者，从而提高农业效率。HUY和NGUY-ENTT[60]在研究越南农地租赁市场与农业技术效率关系时发现，农田租赁交易不但提高了农业的技术效率，而且实现了农田从低效生产者向高效生产者的转移。而国内的一些研究也发现，农地流转有利于实现规模经济，进而降低平均生产成本，提高技术效率。如LU和XIE[61]的研究表明，通过流转整个村庄的土地或其邻近土地有助于实现规模经济。刘卫柏[62]等研究发现，农地流转发生后，转入的农户因为规模经营，使用先进农业机械设备提升了农业生产效率，实现了劳动生产率的提高；而流出农地的农户劳动生产率因为从事非农务工活动提升劳动效率而提高。当然，也有不少学者认为片面追求农地流转速度和经营规模会对农地生产效率产生负面影响。王雪琪等[63]在研究农地流转对生产效率影响时发现，由于地方

政府流转补贴以及大规模流转偏好，导致政府干预下农户经营规模过大，经营能力与规模不匹配导致了效率损失。尚旭东和朱守银[64]研究发现，大规模农地经营带来的规模经济无力弥补“大规模农地流转价格溢价”和“刘易斯拐点下雇工工资棘轮效应”所带来的农业生产成本上升。而一些经营中的相关问题，例如雇工效率低下、监督成本增加等，又加重了这一不利影响。LIU 等[65]从土地成本的视角审视了农地流转对农业生产效率的影响。研究发现，农地的快速规模化，刺激了土地成本上涨，而过高的土地成本不但降低了我国农业竞争力，而且对我国农业技术效率产生负面影响。此外，还有部分学者认为农地流转与生产效率的关系并不显著。如 AWASTHI[66]以印度为例，分析了农地买卖和农地租赁对农业生产效率的影响，研究发现，不同的农地租赁安排具有不同的生产效率，但全国农地租赁安排之间的生产效率差异较小，很难判断是否是由土地租赁安排所导致的土地生产效率的变化。YANG[67]以重庆市为例，通过实证分析发现，虽然农地流转市场促进了农地从低效农户向高效农户的转移，但其对农业生产效率的影响并不显著。

二、农地流转价格研究进展

本研究在中国知网、万方、维普三大期刊数据库中，以农地流转价格、承包经营权流转价格、农用地流转价格、农地租金、耕地租金等为关键词进行检索，共计检索到农地流转价格方面的相关文献 71 篇，通过中国知网文献计量分析发现，关键词主要集中在价值内涵、价格现状、评估方法和影响因素 4 个方面(图 1-4)。在 Science Direct、Elsevier、Springer 等国外数据库中，以 land rent、land transfer market、agricultural land rent、agricultural land’s price 等为关键词进行检索，发现近年来国外学者的研究也多分布在价格特征、估价模型和影响因素 3 个方面。为此，本研究考虑结合国内外文献从农地流转价值内涵、农地流转价格的现状和特征、农地流转价格评估方法和农地流转价格影响因素 4 个方面系统梳理近年来国内外在农地流转价格方面的研究进展。

(一)农地流转价格的价值内涵研究

国内学者对农地流转价值的研究经历了由无价到单一的经济价值，再由经济价值扩展到社会价值、生态价值等外部性价值的发展过程。在农地流转市场发育早期，学术界对农地是否有价值展开了激烈的讨论，并形成了土地无价值论、土地价值二元论和土地全价值论 3 种土地价值观[68]。农地无价值论学者从马克思劳动价值论出发，认为土地是自然物，不是人类劳动产品，因而土地本身没有价值。土地价值二元论学者认为，土地由土地物质和土地资本构成，土地资源具有使用价值但不具有劳动价值，土地资本的价值与一般商品价值并无任何区别，二者组成统一的整体[69]。土地全价值论认为，整个土地都是有价值的。该观点的论据有二：一是“替换论”，即土地自然生产力是等量劳动的替换，土地自然价值与劳动创造的价值并无本质区别，土地自然价值同样是一定量的人类劳动的体现；二是“全覆盖论”，即任何一片土地，一经人类涉足就有了价值[70]。随着经济社会的发展以及人口、资源和环境问题的凸显，农地的外部价值逐渐受到学术界重视。MU 等[71]通过实证分析认为，农地流转价值应由经济价值、社会价值(含社会保障价值和社会稳定价值)及流转修正价值 3 部分构成。杨蕾和王雄[72]基于农地权属视角认为，农地具有生产资料价值功能、社会稳定价值功能、社会保障价值功能及生态价值功能。当然随着农地价值边界的不断拓展，也有部分学者对此进行反思，如伍育鹏[73]认为，与城镇土地对比，农地价格构成的观点有将效用价值无限扩大之嫌，将原本应由国家政策体制提供的保障功能等划入农地价值，这对探讨真正的农地价

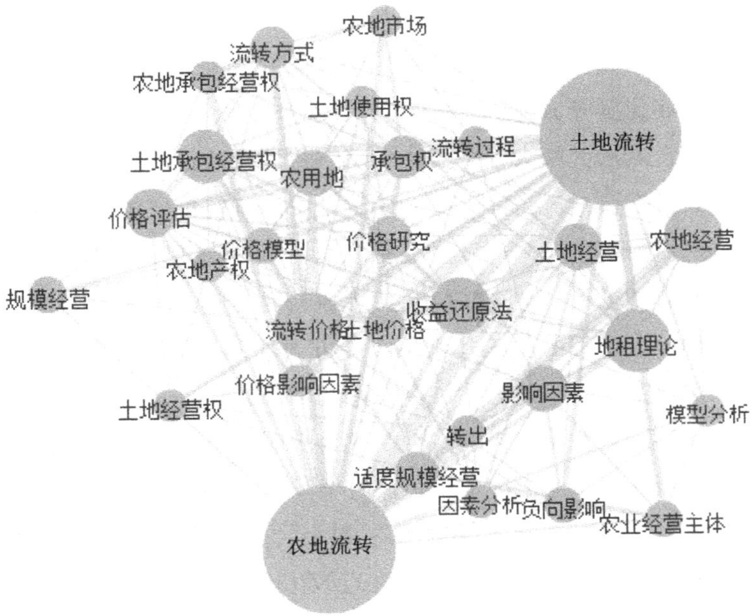

图 1-4　农地流转价格研究关键词共现网络图

格并无益处。朱文珏和罗必良[74]从价值认识差异视角分析了当前我国农地流转中的"价格幻觉"现象，认为过度强化除经济价值以外的社会价值、身份价值等外部性价值，会阻碍农地流转，导致资源配置机制失效，同时过高的农地流转价格会进一步加剧农业经营风险。

（二）农地流转价格的现状、特征研究

农地流转价格作为农地流转交易中最核心要素，是保证农地流转市场有序运行的基础，因其事关农地流转效率和农民权益保护等重大问题而受到国际社会的广泛关注[75-79]。国外学者多从时空演化维度揭示农地流转价格特征。KOGUASHVILI[80]对全球2014—2017年农地交易价格进行了对比分析，研究指出，欧盟国家和美国是世界上农地最昂贵的地区，美国农业用地的平均价格为7 500美元/hm^2，欧盟平均价格为15 000～20 000美元/hm^2；世界最高农地交易记录在荷兰，达到57 000美元/hm^2。Bórawski[81]等对波兰农地价格进行时间序列分析时发现，波兰加入欧盟后，农业用地价格大幅度上涨，农业产权局的平均农地价格比2004年增长了791%，而私人农地价格比2004年增长了690.2%。YANG等[82]对德国下萨克森州农地交易价格的时空分析发现，在1990—2014年间，下萨克森州西部增幅最大，而东部和南部的增长相对温和，而这种差异在很大程度上受下萨克森州农业生产的异质性影响。相比国外农地价格大空间尺度、长时间序列的时空分析，国内学者对农地流转价格现状的判断大都基于小尺度农户调查数据的截面分析。从现有研究来看，由于农地流转市场发育不完善，导致了农地流转价格的非市场化配置问题突出，呈现两极分化特征。一方面，受交易成本、农村社会网络等因素影响，部分欠发达地区农地流转的低租金甚至"零租金"现象较为普遍。王亚辉等[83]研究发现，目前不收取实物与货币租的非正式农地流转方式在我国农地流转中广泛存在着。钱忠好和冀县卿[19]2013年对广西、江苏、黑龙江和湖北4省的调查发现，超过30%的土地是无偿流转。范乔希和冉莉君[84]在对重庆市农地流转价格调查中发现，零租金普遍存在于亲戚和熟人之间的农地流转中，样本数据显示，零租金转出农地中发生在亲戚和熟人之间的占比83.86%，零租金转入农地中发生在亲戚和熟人之间的占比96.19%。另一方面，部分地区在行政力量干预下，农地流转价格迅速攀升，并处于高位运行状态。朱启臻和胡方萌[10]在对安徽、河南、山东的调研中发现，过多的行政干预在推动农地流转规模的同时，极大地推高了农地流转价格，有

些地方农地流转价格每亩已突破 2 000 元，甚至上万元。田先红和陈玲[85]对 A 省 S 市的调研发现，现阶段农地流转价格是不同农户群体、行政组织等多种力量交互作用和博弈的结果，在政府行政干预下，当地农地流转价格不断上涨，大大超出了民间自发农地流转市场的价格水平。尚旭东等[86,87]在黑龙江、江苏、河南、四川等地的调研发现，政府对农地流转市场的介入，将原有一元供求市场割裂为二元供求市场，"乘数效应"放大了农地需求弹性，助推流转"溢价"。

（三）农地流转价格的评估方法和模型研究

相比城市土地市场，农地流转对大多数交易双方来说并非一种经常性的行为。由于流转主体的经验和知识的有限性，以及对农地市场信息的不足，导致农地价格被高估或低估的情况时有发生，因此如何科学、合理地确定农地流转价格就显得十分重要。在农地流转价格评估方面，国外学者主要集中于评估模型的改进研究。BALLESTERO[88]的研究发现，农业市场的不透明性和不确定性导致传统的资产评估方法很多时候难以适用，由此提出了一种基于两个累积分布函数（vmtcdf）的资产价值评估方法，采用 PERT 方法对不确定性下的资产价值进行评估。HERRERÍAS VELASCO[89]对两个累积分布函数（vmtcdf）方法进行拓展，在不确定性条件下，从资产特征的二维向量中找出该资产的市场价值。GARCÍA[90]对 vmtcdf 方法进行改进，在资产和 k 指数之间建立一个凸线性组合，以适用信息不足条件下的农地价格评估。FRANCO 等[91]提出了一种基于专家判断的快速农地估价方法，该方法利用两个可靠度函数、一个影响市场价值的特征或质量的多维指标和专家判断，克服了基于 vmtcdf 方法的缺点，并通过一个西班牙东南部的农业土地估价实例说明其经验应用。NAUDÉ 等[92]以南非西开普省为研究区，基于农地特征价格模型，构建了农地估价支持系统（FVSS），以辅助估价师快速评估农地交易价格。与国外研究相比，国内研究更多侧重于现有农地估价方法的适应性分析。从不动产估价理论和我国《农用地估价规程》（GB/T 28406—2012）来看，农地价格评估方法主要包括收益还原法、市场比较法、成本逼近法、剩余法、基准地价系数修正法 5 种[93]。通过对比分析，张振华[94]、王浩[95]等认为，市场比较法、成本逼近法、剩余法通常要求具有活跃而公开的农地市场，由于我国农地流转市场尚未发育成熟，导致这 3 种方法不适用于现阶段农地流转价格评估；基准地价系数修正法由于目前我国仅有少数区县开展农用地定级估价工作，因而难以大规模推广[96];而收益还原法充分考虑了农地流转的收益情况,得到的评估结果对于流转双方来说都能接受,相关参数的确定也比较容易,因而比较适宜现阶段我国农地流转价格评估[97]。当然,国内也有少数学者对现有评估方法提出改进方案。如张颖和朱奎[98]在分析农地流转双方价格博弈基础上,运用不完全信息静态博弈理论和 Hurwicz 准则构建了农地流转价格测算模型,并以江苏省典型区域为例验证了该方法的合理性和可行性。黄伟和邢娇阳[99]在对比各地流转租金计算方式基础上,结合农地所具有的功能,借鉴《农地估价规程》,提出了结合本地市场粮食主要作物的租金锁定法。常春等[100]研究认为,现有农地评估对农用地非市场价值的忽视,使得占用农用地的成本过低,难以运用经济机制有效调控农用地非农化,并以能值分析方法为基础提出了农地价格评估模型。黄艳敏和张岩贵[101]在设计农地流转定价模型时,考虑了失地农民的机会损失价值,并将其纳入农地流转定价基础,采用正态云模型构建了农地流转估值模型。

(四)农地流转价格的影响因素研究

除了在实践层面探讨农地流转价格评估方法外,很多学者将研究兴趣投向了农地流转价格影响因素的理论和实证分析上。从马克思地租理论出发,朱奇云[102]在研究惠农政策对农地流转价格影响时发现,惠农政策的实施,一方面增加了农地超额利润,刺激转入户调整投入农地数量,推动了规模经营;但另一方面转出户则通过自身拥有的使用权将补贴迅速内部化,导致农地利用效率下降。杜丽娟等[103]探究了马克思地租理论在中国农地流转实践中的应用与修正问题,认为获得农地流转报酬的前提是农户拥有土地经营权,提出农地流转价格应在绝对地租和级差地租基础之上,充分考虑农地的社会保障价值。根据供需理论,申云等[104]从农地使用权作为物权这一商品属性出发,构建农地供给与需求行为模型,并结合江西、江苏、安徽 3 省农户调研数据实证分析了农地流转价格影响因素。王颜齐等[105]通过引入单边交易费用,运用微观经济学的基本分析工具讨论了单边费用对农地流转供需行为的影响及其可能的均衡。从制度经济学出发,学者们围绕制度安排、交易成本等因素讨论其对农地流转价格的影响。KILIAN 等[106]利用 2005 年巴伐利亚州农地租赁价格数据的实证分析研究了费希尔改革对农地租金和资本化的影响,研究发现,费希尔改革促进了农地资本化,对农地租金产生正向影响。DUKE 等[15]讨论了交易费用对农地价格的影响,研究发现,斯洛伐克农地市场受到许多宏观经济因素和体制环境的影响，政府不恰当政策干预增加了农地交易成本，对农地租金产生了抑制作用。伍振军等[107]在安徽、浙江的农户调研中发现，农户是否参与土地股份合作社对农地流转价格有显著影响，参与土地股份合作社既有利于降低流转的交易费用又降低了不确定性。邓大才[108]通过理论分析认为，制度安排影响农地交易费用，而交易费用又对农地流转价格产生影响，农地交易费用与农地流转价格成反比。还有学者从社会学理论出发讨论了社会网络与农地流转价格的关系。陈奕山[109]在研究农村人情社会对农地流转价格的影响时指出，无偿流转的实质是农户采用隐性的人情租替代显性的货币或实物租。石玲玲[110]研究发现，熟人社会不仅能降低土地租金成本，而且能通过双方的有效“合作”增强彼此情感。通常，转给涉农企业等市场化主体的预期租金会高于亲友、邻居和一般农户。

三、文献评述

纵观现有研究成果，国内外专家学者围绕农地流转的现状、影响因素、模式、绩效等方面进行了大量卓有成效的研究，为推动我国农村土地依法、合理、有序流转奠定了坚实基础。然而，相比而言，学者对于农地流转价格的研究则明显不足，严重滞后于农地流转的实践需求。

第一，研究内容和视角需要拓展和深化。从研究内容来看，学者们多围绕农地流转的价格理论和评估方法展开探讨，缺乏农地流转价格特征、机制以及效应方面的综合研究。从研究视角来看，现有文献多从制度经济学、社会学、管理学视角对农地流转价格展开分析，而以地理学视角进行系统研究的并不多，尤其是从空间角度分析和解释农地流转价格分化机制的研究，更是乏善可陈。

第二，研究的维度和尺度需要拓展和深化。从研究维度来看，国内学者对农地流转价格的分析维度十分局限，主要集中在农地流转价格的区域对比上，缺乏从时间、空间和结构等维度的综合分析，从而难以全面揭示我国农地流转价格的总体特征。从研究尺度来看，现有文献多基于小尺度的截面数据进行分析，缺乏长时间序列、大空间尺度的综合分析，无法揭示农地流转价格在较大区域甚至全国尺度的时空演化格局，因而这样的研究对指导我国农地流转实践无疑存在明显局限性。

第三，研究方法需要增强可行性、科学性和综合性。首先，局限于数据的难以获得性，多数学者只能采用规范分析和文献分析的方法对农地流转价格开展理论研究，造成当前农地流转价格领域的研究呈现出“重理论，轻实证”的局面。而实证分析的滞后，又导致理论分析缺乏可靠的数据支撑。其次，从为数不多的实证分析来看，其数据多来源于农户流转意愿价格调查而非实证调查，由此造成分析结果与实际情况难免存在一定偏差，因此，亟待开展以真实流转价格数据为基础的实证研究。

第三节　研究目标与内容

一、研究目标

本研究在构建农地流转价格分化理论框架的基础上，从时间、空间和结构 3 个维度系统地分析我国农地流转价格分化的特征、机制与效应，以期为全面掌握我国农地流转价格基本国情，科学认知农地流转价格分化的内在机理，客观判断土地成本的合理性占比提供理论和经验参考。

（一）构建农地流转价格分化研究的理论框架

在相关概念界定基础上，通过对价格分化文献的总结梳理，归纳出农地流转价格分化特征的分析维度，明晰农地流转价格分化的表征和本质，进而从时间、空间和结构 3 方面搭建农地流转价格分化特征的分析框架。

（二）分析农地流转价格分化的特征及形成机制

分别从时间、空间和结构维度对我国农地流转价格的总体特征进行系统分析，并采用综合时间序列分析法、空间计量模型、边际效应分析法等定量手段揭示农地流转价格在时间、空间和结构上的分化机制。

（三）揭示农地流转价格分化的变化趋势及内在逻辑

以时间为横轴，分析农地流转价格空间分化和结构分化的变化趋势，并通过测度农地市场供需关系的变化情况揭示农地流转价格分化的内在逻辑。

（四）剖析农地流转价格分化对粮食生产成本的影响

从时间、空间和结构 3 方面，全面测度我国土地要素在粮食生产成本收益中的占比情况，并通过国际横向比较，预判农地流转价格对粮食生产经营产生的影响，为测度农地过度资本化提供经验参考。

二、研究内容

本研究的主要内容有 6 个方面。

(一)农地流转价格分化的理论研究

本部分旨在搭建农地流转价格分化的理论分析框架。首先，对农地、农地流转和农地流转价格的内涵进行界定；然后，通过对地价、房价相关研究的系统梳理，揭示农地流转价格分化的表征和本质，进而从时间、空间和结构 3 方面提出农地流转价格分化的分析框架；最后，以地租理论、区位理论、产权理论和农户行为理论为基础，利用供需分析工具和边际分析工具对农地流转价格分化现象进行理论解释。

(二)我国农地流转价格的时间分化特征及形成机制研究

本部分利用 1978—2017 年 3 种粮食土地成本数据分析农地流转价格的时间分化特征，并揭示这种时间分化的形成机制。首先，根据农地流转价格变化曲线的结构性断点，对 1978—2017 年农地流转价格进行阶段性划分；其次，结合我国农地流转制度变迁，从价格水平和增值率两方面分析各阶段的价格特征；再次，应用时间序列分析法、相关分析法和 OLS 回归模型，探讨宏观经济因素和政策因素与农地流转价格的长期均衡关系，从而揭示我国农地流转价格在时间分化上的主导因素。

(三)我国农地流转价格的空间分化特征及形成机制研究

本部分旨在揭示农地流转价格在全国层面的空间分化特征及其宏观机制。首先，基于 2009 年、2017 年两期全国农地流转价格数据，运用描述性统计分析和探索性空间数据分析方法揭示我国农地流转价格的全局和局部空间分化特征；其次，结合地租理论、区位理论从农地自然因素和区位因素两方面构建影响因素指标体系；再次，采用综合相关分析、空间耦合分析、空间计量分析的方法探究我国农地流转价格分化的宏观机制。

（四）我国农地流转价格的结构分化特征及形成机制研究

本部分主要利用黄淮海地区 5 省 3 136 份实地调研样本，从"流转用途"和"流转主体"两个维度分析农地流转价格的结构分化特征及其形成机制。首先，根据调研样本对研究区的农地流转市场情况进行总体分析。其次，综合采用定性和定量分析方法揭示农地流转价格在用途和对象上的结构分化特征。在定性分析方面，主要应用频率分析和描述性统计分析法揭示农地流转价格的结构性差异；在定量分析方面，主要应用有序多分类 Logistic 回归分析和边际效应分析法检验结构分化的统计显著性及其与农地流转价格间的数量关系。再次，从收益水平的角度深入剖析结构分化的形成原因。

（五）我国农地流转价格分化的趋势及内在逻辑研究

本部分将以年鉴数据为基础，从时间演化的角度分析我国农地流转价格空间分化与结构分化的发展趋势，并通过测度农地市场供需关系在时间、空间和结构上的变化，揭示农地流转价格分化的内在逻辑。

（六）我国农地流转价格分化对粮食生产成本影响的研究

通过分析土地成本在粮食生产要素中的占比情况，直观反映农地流转价格对粮食生产的影响，以期为测度农地资本化程度和调控农地流转价格提供实证参考。首先，从时间维度分析土地成本占比的变化趋势；其次，从空间维度分析土地成本占比在空间上的分布情况；再次，从结构维度分析农地流转价格结构分化的缩小对粮食生产的影响。

第四节　研究方法与技术路线

一、研究方法

（一）文献分析法

通过文献综述分析，掌握农地流转和农地流转价格领域相关研究现状，总结前人的研究进展和研究不足，进而提出本书的研究视角。通过系统分析生物学、地理学、经济学、社会学以及房地产经济学（地价、房价）在分化方面的相关研究，系统归纳价格分化的研究维度，为提出农地流转价格分化研究框架打下基础。

（二）理论分析与实证研究法

本研究首先利用理论分析方法对农地流转价格分化的表征、本质进行分析，并结合地租理论、区位理论、产权理论和农户行为理论对农地流转价格分化原因进行解释，然后依据理论研究成果，从时间、空间和结构 3 方面对农地流转价格分化的特征、机制与效应开展实证研究。

（三）实地调研法

为深入分析农地流转价格结构分化特征，课题组于 2017—2018 年组织在校本科生、研究生利用假期时间开展全国农地流转价格农户调研，采用实地调研、座谈以及访谈等方式，对农户的家庭基本情况、农地利用与经营情况、农地流转情况、农业经营情况进行详细、深入的调查，从而为开展农地流转结构分化的研究提供了可靠的基础数据。

（四）统计分析法

统计分析法是本研究采用的主要研究方法。在具体研究中，运用时间序列分析、相关分析、OLS 回归模型研究农地流转价格的时间分化机制；综合应用描述性统计分析、探索性空间数据分析（exploratory spatial data analysis，ESDA）测度农地流转价格的空间分化特征；应用相关分析、空间耦合分析和空间计量模型探究农地流转价格的空间分化机制；运用频率分析法和描述性统计分析法剖析了农地流转价格的结构分化特征，并采用有序多分类 Logistic 模型和边际效应模型检验结构分化的显著性及与农地流转价格的定量关系。

二、技术路线

本研究的技术路线如下：首先进行理论分析，构建农地流转价格分化的分析框架；其次，分别对农地流转价格的时间、空间和结构分化进行实证分析，从而掌握农地流转价格分化的总体特征和分化机制；再次，以时间为横轴，分析农地流转价格分化的变化趋势及内在逻辑；最后，探究农地流转价格分化对粮食生产成本的影响。

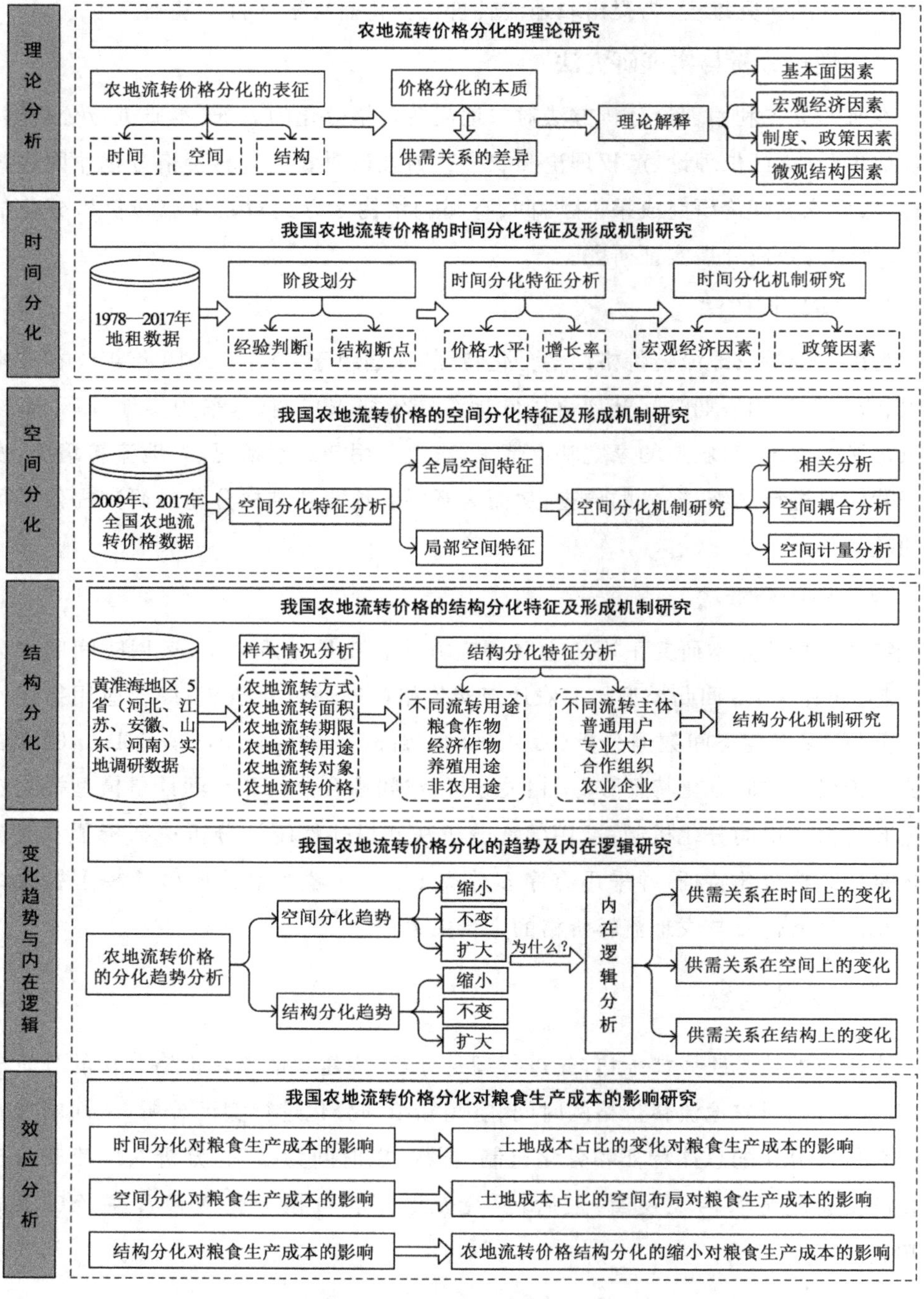

图 1-5　全文思路及技术路线

第二章　农地流转价格分化的理论研究

第一节　相关概念界定

一、农地

农地在学术界是一个涵盖范围较广的概念，不同学科对农地的界定存在一定差异。通常来讲，学术界提到的农地主要包含农用地和农村土地2种类型。而我国的法律和相关文件对农用地和农村土地也有不同的表述。现行的《中华人民共和国土地管理法》第一章第四条将农用地界定为“直接用于农业生产的土地，包括耕地、林地、草地、农田水利用地、养殖水面等”。《土地利用现状分类》（GB/T 21010—2007）将农用地分为耕地、林地、草地、交通用地（农村道路）、水域或水利设施用地、其他土地（设施农用地和田坎）6个一级类及水田、水浇地、旱地等16个二级类。2003年《农村土地承包法》第一章第二条规定：“农村土地，是指农民集体所有和国家所有，依法由农民集体使用的耕地、林地、草地，以及其他依法用于农业的土地。”考虑到本研究重点分析的是农地流转价格，而学术界及农业管理部门在提及农村土地流转或农地流转时，一般是指耕地流转。因此，本研究中的农地（或农村土地）在无特别说明的情况下，均指农民集体所有由家庭承包使用的耕地。

二、农地流转

“农地流转”既非法律术语，也非严格的学术定义，而是一个内涵和外延弹性很大的概念。从现有的学术研究来看，农地流转按照流转用途可划分为2类：一类是发生在农业内部的农地流转，主要是指农用地在不同的农业生产经营者之间的流转，土地的农业用途没有发生改变；另一类是发生在农业外部的土地流转，即土地从农业用途转变为非农用途的流转。《中华人民共和国农村土地承包法》（2002年）第一章第八条规定：“农村土地承包应当遵守法律、法规，保护土地资源的合理开发和可持续利用。未经依法批准不得将承包地用于非农建设。"显然，农地流转是农地在不同农业经营主体之间的流动。由于土地的位置固定性，农地流转实际上是农地产权的流转。在农村土地三权分置的语境下，农地所有权的流转一般只在征地时发生，即将集体土地征收为国有土地；而农村土地承包权通常限定在集体经济组织内部成员中流转，在当前农村土地社会保障属性依然很强的背景下，将土地承包权完全流转出去的情况还相当少见。因此，现阶段农村地区实际发生较多的仅是农村土地经营权的流转。鉴于此，本研究在无特别说明的情况下，农地流转主要是指在不改变农业用途下的农地经营权在不同农业经营主体之间的流转。

三、农地流转价格

土地产权是人对物享有权利的一种社会关系，农地流转的本质是附着在农地上某些权利的交换，即产权的交换。农地流转价格形成于农地流转过程中，是权利价值在流转过程中的反映，权利的差异会导致权利价值的差异，进而形成不同的权利价格。根据《中华人民共和国农村土地承包法》，农村土地可以依法采取转包、出租、互换、转让或者其他方式流转。根据 2016 年《中国农村经营管理统计年报》显示，在农地流转方式中，以转包和出租方式流转的土地面积分别为 2.26 亿亩和 1.68 亿亩，分别占农地流转总面积的 47.14%和 35.09%，两者合计占比 82.23%；以入股方式流转农地面积为 0.24 亿亩，占流转总面积的 5.10%；以转让、互换方式流转的农地面积占比仅占 2.69%和 5.36%。由此可见，当前农地流转以转包和出租为主。实际上，转包和出租从法律关系上看并没有明显的区别，只是流转对象有所不同而已，本质上都是转出户与转入户之间的租赁关系。鉴于此，文中的农地流转价格是指在农业用途下，土地经营权通过转包或出租方式在不同农业经营主体之间流转时发生的年租金。

需要说明的是，虽然截至 2017 年年底我国农地流转率已达到 37%，但当前农地流转仍然具有很强的非正式性，农户间采用"低租金"或者"零租金"将农地流转给邻里亲朋经营的情况仍十分普遍。王亚辉等[83]基于 2003—2013 年全国农村固定观察点系统的 169 511 个住户样的统计结果发现，目前我国土地流转过程中存在大量的"零租金"现象，零租金发生率超过 50%。由于本研究立足于研究正常市场条件下的农地流转经济关系，而零租金或低租金是基于农村差序格局下的非市场化配置，将其纳入农地流转价格研究，会干扰正常市场条件下的农地流转价格分析的总体判断。因此，如无特别说明，本研究所指的农地流转价格均指正常市场条件下流转的农地年租金。

第二节　农地流转价格分化的表征和内涵

从第一章的文献梳理中我们可以看出，目前关于农地流转价格的研究还不多，而对农地流转价格分化的研究则更少。鉴于此，本节考虑从生物学、地理学和社会学的分化研究中归纳总结出价格分化的一般特征，进而演绎出农地流转价格分化的基本表现形式。从现有研究来看，有关价格分化特征的研究大致有 3 种类型，即价格在时间上的分化、空间上的分化和结构上的分化。

一、价格分化的表征

（一）价格在时间上的分化

时间分化的研究较多出现在生物学领域，一般是指事物的某种特征在时间序列上表现出的阶段性和异质性。如《中国种植养殖技术百科全书》根据作物在生长期中呈现的结构差异和形态变化，将高粱幼穗发育过程划分为 8 个阶段：叶原基发生阶段、生长锥伸长阶段、枝梗分化阶段、小穗分化阶段、小花分化阶段、柱头形成阶段、花器增大阶段和花序轴伸长阶段[111]。也有学者根据大蒜花芽发育过程中的生理特征差异，将大蒜花芽分化过程划分为未分化期、总苞和花序原基分化期、小花原基分化期以及花器官原基分化期 4 个时期[112]。实际上，除了生物学领域，在土地经济学和房地产经济学研究中，也有部分学者采用了类似的研究方法对房价、地价的时间分化进行研究。如 CHEN 和 FIK[113] 根据美国佛罗里达州皮涅拉斯县不同时期房价特征参数的变化，将其划分为 2002—2005 年泡沫增长期、2006—2008 年泡沫破裂期和 2009—2011 年泡沫后期 3 个阶段。WEN 等[114] 对广东省南海区 2010—2015 年城乡土地市场价格变化特征进行了分析，发现以 2013 年党的十八届三中全会确立的“建立城乡统一的建设用地市场”为界，可将农村集体建设用地入市价格特征划分为 2 个异质性阶段；唐晓莲和利振焜[115] 通过对广州市 2000—2016 年的工业用地价格数据分析发现，广州市工业用地价格变化与当地经济转型密切相关，并在时间上呈现出 2000—2005 年、2006—2011 年和 2012—2016

年3个明显的发展阶段。曹天邦等[116]通过对南京市住宅地价的政策响应分析，认为2000—2009年地价变动可分为3个不同阶段，即2000—2004年的快速上涨期、2005—2006年的平稳增长期和2007—2009年的剧烈变动期。

（二）价格在空间上的分化

从地理学上讲，空间分化是指一定空间范围内各组成要素及其综合体在空间上的差别；从经济学上讲，这种分化是同时存在的两个及以上细分市场在空间上的具体表现。通常地理学者习惯将其称为“空间分异”，而经济学者一般将其称为“空间分化”。从目前文献情况来看，有关价格空间分化的研究主要集中在城市地价和房价领域。在城市地价空间分化研究方面，杨剩富等[117]通过对湖北省80个区县各类地价的空间分析指出，湖北省县域商业和住宅地价的空间分化较大，呈微弱的集聚分布，而工业地价空间分化相对较小，呈微弱的离散分布；梁彦庆等[118]以全国105个地价监测城市为例，基于引力模型和极值模型探讨了区域地价综合影响值差异及极值衰减的变化规律，研究发现，我国城市地价综合影响值呈现由华东、华南、华北、华中、东北、西南、西北地区依次递减的分化规律；瞿诗进等[119]通过对武汉市住宅地价影响因素的定量测度发现，住宅地价的空间区域差异明显，城市中心和副中心功能对住宅地价作用在空间上的互补效应明显。在房价空间分化研究方面，SADAYUKI[120]利用日本东京的房屋租金数据，揭示了日本东京房屋租金的空间分化结构，实证分析了火车站和地铁站集群对周边租房价格的影响；GONG等[121]对中国泛珠三角地区10个住宅市场的空间相互关系进行了综合检验，发现邻近城市的房价之间存在明显的空间溢出效应，住房市场之间广泛存在超前滞后关系，并基于广义脉冲响应函数（GIRF）描述了房价在空间上相互作用的传播模式；王洋等[122]研究发现，中国城市住宅价格存在显著的空间分化现象，分化的主方向是一线城市与其他城市的等级性分化，同时呈现出行政等级性差异增强，空间集聚性分异减弱的新格局与新特征。

（三）价格在结构上的分化

相比时间和空间上的分化而言，结构上的分化维度要复杂得多。虽然诸多领域对结构分化都有所涉及，但大多缺乏对结构分化的理论研究。从现有文献来看，对结构分化的系统研究主要集中在社会学。从社会学角度来讲，结构分化是指社会系统结构中原来承担多种功能的某一社会单位发展成为承担单一功能的多个单位，以及诸多社会单位由地位相同变为地位相异的现象[123]。结构分化存在“功能”

和"主体"2个基本维度，即功能的结构分化和主体的结构分化。如果将这一概念引申到地价的结构分化研究，那么功能分化主要对应土地用途的分化，而主体分化则对应流转对象的分化。从现有文献研究来看，地价的结构分化也主要是从这两方面来开展的，其中，有关地价用途分化的研究主要集中在城市土地市场，而在主体分化方面的研究则更多分布在农地流转市场。在土地用途的分化研究方面，赵松和李超等[124,125]基于经典地价理论和我国土地管理制度对工业用地和住宅用地的价格分化开展了深入研究，指出两者的价格分化既有理论上的必然性，又有现实管理规制干预下的变异性。国土资源部土地利用管理司[126]对全国主要监测城市综合、商服、住宅和工业用地的地价水平进行了长期分析，系统总结了4类用地价格的水平差异、变化趋势和分化机制。金媛和王世尧[127]通过对我国地方政府土地出让市场分割现象的研究发现，工业用地低价出让与商服、住宅用地高价竞拍的结构性差异有其内在逻辑，其实质是地方政府在特定禀赋条件下追求地方经济增长，优化配置资源的结果。在主体分化研究方面，胡新艳和洪炜杰[128]从产权经济学视角出发解释了农地流转中不同流转主体的价格分化现象，研究表明，不同的关系强度暗含着不同的农地流转的事后监督成本，从而造成不同主体间的流转价格分化。蒋永甫[129]在广西农地流转主体研究中发现，受交易成本影响，同一地区的农地流转价格存在明显的主体差异，总体呈现龙头企业＞家庭农场＞种养大户＞合作社的分化格局。

二、农地流转价格分化的内涵

通过上述分析我们可以看出，价格分化研究不外乎从时间、空间和结构3个方面切入，并表现为时间上的分化、空间上的分化和结构上的差异3个基本特征。由此可知，农地流转价格的时间分化是指农地流转价格在时间序列上表现出的异质性特征和阶段性差异；农地流转价格的空间分化是指由土地空间异质性所导致的农地流转价格在不同区域间的明显差异；农地流转价格的结构分化是指农地流转价格在不同流转用途和不同流转主体之间的显著性差异。因此，农地流转价格分化可以概括为农地流转价格在时间、空间和结构维度上所呈现的显著而有规律性的差异。需要说明的是，虽然分化的3个方面具有相对独立性，但在具体研究中往往相互交织而呈现出时间-空间、时间-结构、空间-结构等分析维度。通常时间-空间维度多出现在地价的时空演化研究中；时间-结构维度常常出现在不同用地价格结构变迁分析中；空间-结构维度以杜能的农业区位论和阿朗索的城市竞租理论为经典代表；相比而言，时间-空间-结构维度的分析相对较少。鉴于此，本研究考虑采用时间-空间-结构维度对农地流转价格分化特征进行系统分析，以期全面反映我国农地流转价格的基本情况。

第三节　农地流转价格分化的本质

根据微观经济学原理，市场经济条件下支配经济活动最基本的规律是供需关系，供需规律可以描述为：当需求大于供给时，市场价格上升；需求小于供给时，市场价格下降。供需关系相互作用的结果是商品价格趋于均衡价格。虽然农地作为一种稀缺的自然资源，相比一般商品具有供给的有限性、位置的固定性等特殊性，但在农地流转市场中，其土地经营权作为一种可交易的产权实际充当了商品的属性，根据商品价格的性质，其流转价格仍是由市场供求关系决定的。

农地供给是指在一定的技术条件下，可利用的农地资源的数量，包括已利用的和未利用的后备资源储量的总和。农地的供给按其性质可分为自然供给与经济供给。农地的自然供给因其面积总量的有限性而表现为缺乏弹性甚至是无弹性；农地的经济供给则由于土地的多宜性、多用性及价格波动性等因素，是可变的土地供给。农地的经济供给在一段时间内是一个变量，其供给量具有一定的弹性。一般来讲，农地的经济供给会随着经济的发展而增加，不仅包括总量的增长，更重要的是包括因用途转换而导致的土地利用效率的提高。

农地的需求是指农业生产经营者在一定价格水平下愿意并且能够购买的农地数量的综合。从农业经济学上讲，土地需求是一种引致性需求，或者是一种派生性需求，是由于人们对农产品的需要才产生对农地的需求。人们对农产品的种类、数量和质量需要的多寡或高低，直接影响着农地需求的程度[130]。

如图 2-1 所示，S 表示农地流转市场中农地的供给曲线（经济供给），D 表示农地的需求曲线，两曲线相交于 A 点 (Q_0, P_0)，所形成的均衡价格为 P_0。假如有一些对于农地流转不利的因素发生（如国家限制农地流转），那么农户会选择不转出农地或者少转出农地，反映在图 2-1 中就是供给曲线 S 向左上方移动至 S_1，需求曲线向左下方移动至 D_1，两曲线交于 B 点 (Q_1, P_1)，此时形成的均衡价格为 P_1；相反，假如有一些有利于农地流转的因素发生（如政府给予流转补贴），那么供

给曲线 S 就会向右下方移动至 S_2，需求曲线 D 就会向右上方移动至 D_2，两曲线交于 C 点 (Q_2, P_2)，此时形成的均衡价格为 P_2。由于相关因素对农地流转的需求曲线和供给曲线影响的方向和程度会不同，由此导致新的均衡价格与原有的均衡价格的偏离程度和偏离方向都会有所不同。

综上所述可知，农地供给和需求的均衡点形成均衡价格，而农地供给和需求的变化则是引起农地流转价格分化的基本因素。从这个意义上讲，农地流转价格分化本质上是农地流转市场供需关系的分化，即农地流转供需曲线在时间、空间和结构上的分化。

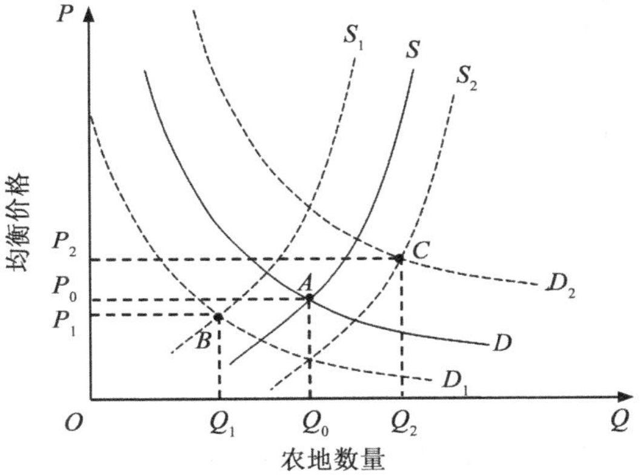

图 2-1 农地流转供需均衡示意图

第四节 农地流转价格分化的理论解释

考虑到经济社会发展的系统性和关联性，农地流转价格分化的影响因素是复杂而多变的。着眼于农地流转价格分化的 3 个特征维度，本研究认为，农地流转价格分化的影响因素主要有 4 个方面，即基本面因素、宏观经济因素、制度与政策因素、微观结构因素。其中，农地流转价格空间分化主要受基本面因素影响，价格时间分化则与宏观经济因素、制度与政策因素密切相关，而微观结构因素则是导致农地流转价格在基本面因素、宏观经济因素及制度与政策因素既定条件下呈现出多样化结构特征的原因(图 2-2)。

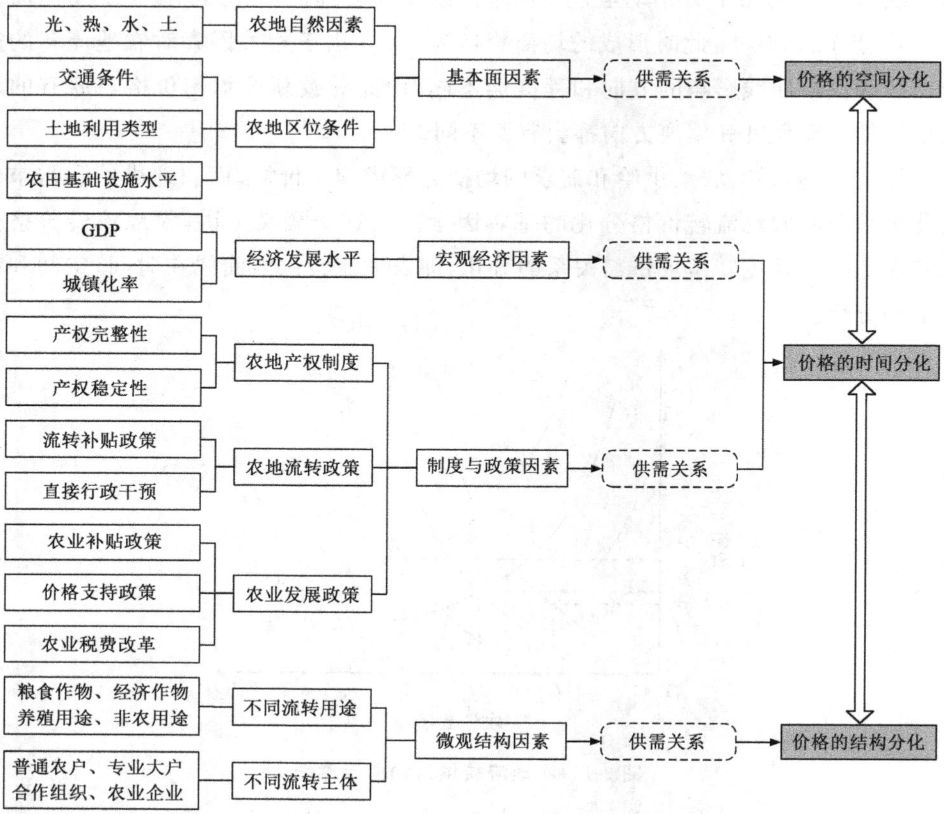

图 2-2　农地流转价格分化的影响机制

一、基本面因素

农地流转价格是农地经济价值的反映，其价格高低一般由其收益能力所决定。从马克思地租理论来看，农地流转价格的本质是地租，即土地所有者凭借土地所有权向土地使用者让渡土地使用权时索取的超额利润。由于农地的固定性和异质性特征，因而这种超额利润必定存在空间上的差异，并表现为级差地租。根据马克思级差地租理论，级差地租形成的条件有 3 种：①土地肥沃程度的差别。②土地位置的差别。③在同一地块上连续投资的劳动生产率的差别。其中，由①和②产生的超额利润转为级差地租Ⅰ，由③产生的超额利润转化为级差地租Ⅱ。需要说明的是，由于农地投资水平与其所在区域的经济社会发展水平密切相关，通常区位条件越好的地区，农业生产的现代化、集约化程度越高，农地的基础设施相对完善，而区位条件越差的地区，受经济发展水平制约，农地基础设施建设通常较差。因而从空间上讲，农地流转价格分化主要受农地自然因素和农地区位因素影响。

(一)农地自然因素

农地自然质量也称农地的自然肥力，是指农地能够提供和协调作物生长发育所需的水分、养分、空气和热量的能力。从土地肥力理论来看，这种农地自然质量主要受气候因素、地貌因素、土壤因素和水文因素影响。①气候因素：包括平均温度、积温、降水量、蒸发量、无霜期、灾害气候等因素。在气候因素中，水热因子对生物的正常发育和生长起着决定性的作用。它们既是稳定因素，又是较大范围内土地自然生产力差异的表现，决定农作物的熟制。因此，水热因子不仅是农业生产的先决条件，而且是农地质量评价的基本因素。②地貌因素：包括地貌类型、海拔、坡度、坡向、坡型、地形部位等。地形对地区水热条件的能量交换起重要作用，同时直接影响土壤的形成和植被的生长发育。地质条件是土地形成的物质基础。地形、地质因素在很大程度上决定着土地利用方向、农田基本建设、土地改造的技术设施及开发利用等。③土壤因素：涉及土壤类型、有效土层厚度、土壤质地、土壤构造、障碍层、有机质和氮、磷、钾等速效营养元素的含量以及水分、盐分、pH 等因素。由于土壤是植物根系活动的场所，同时它具有提供和调节植物生长发育所需要的水分、养分、空气、热量等其他生长条件的能力。因此，它是农地生产力的最重要组成部分，也是农地评价的最基本因素。④水文因素：一般指地表水和地下水状况。水文因素主要影响农地利用、农作物产量和农产品质量。如以水质为例，据试验和观测资料得知，灌溉用水的矿化度应小于 1.7 g/L，矿化度大于 5 g/L，不宜用于灌溉，所以水文因素同样影响着农用地质量。根据马克思地租理论，等量资本和劳动投在肥沃程度不同的土地上，就会产生不同的劳动生产率和农产品数量，耕种优、中等地的劳动生产率和农产品数量就高于劣等地，因而在相同供给条件下，人们对自然质量好的农地的需求必然大于自然质量差的农地，由此造成农地质量好的区域的流转价格会整体高于农地质量差的区域。从供需关系来看，如图 2-3 所示，在相同供给条件下，自然质量差的农地在供给曲线 S 和需求曲线 D_1 作用下所形成的均衡价格为 P_1，由于自然质量好的农地劳动生产率高于自然质量差的农地，因而需求必然增加，即需求曲线会由供给曲线 D_1 向左上方移至 D_2，此时形成的均衡

价格为 P_2，则必然有 $P_2 > P_1$。由此可见，农地自然质量条件通过作用于供需关系而成为影响农地流转价格分化的主要因素之一。

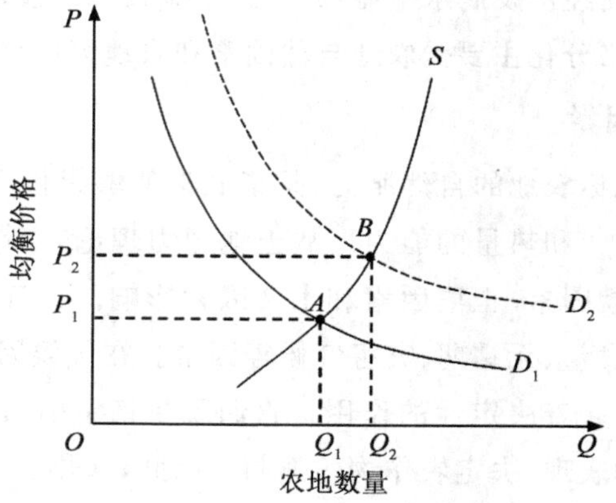

图 2-3 农地自然质量对农地流转价格的影响

(二)农地区位因素

土地作为人类生产生活重要的活动场所和载体，具有不可移动性和稀缺性，由于人类活动对土地的影响，使得不同地区的土地具有不同的利用方式和利用类型，随之土地的级别和价格也不同。对于农地而言，农地本身的质量决定农地利用方式和农地级别，同时区位因素对农地的影响也不容忽视。农地区位主要通过影响市场距离、交通条件和土地利用类型作用于农地流转价格。其中，农地的市场距离直接影响农产品生产和销售环节的交通成本。例如，距离市场较远的农地，一方面会增加生产环节中生产资料运输费用，另一方面也会增加农产品销售环节的运费成本，在农产品销售价格一定的条件下，交通成本的增加意味着利润的降低。农地的交通条件主要体现在交通通达度上。交通通达度差的农地，农机难以推广应用，生产资料和农产品的运输都困难，不仅农业生产效率低，而且生产成本高。此外，区位对农地利用类型有着重要的影响。如城市郊区范围内，因为和城市之间的距离最近，种植蔬菜、瓜果等经济作物的农地较多，而在传统农区，经济作物难运输且容易腐烂，因而农地更多地用于种植粮食作物。供需关系来看，在经济发达地区，受城镇化、工业化建设的影响，大量农地被占用，因而农地供给的刚性约束较大；而在经济欠发达地区，由于农村劳动力大量外流，导致农地供给相对充裕。设经济发

达地区的供给为 S_1，经济欠发达地区的供给为 S_2，则有 $S_2 > S_1$。同时，经济发达地区人口稠密，居民消费水平较高，对农产品的需求种类较多，加之接近市场，运输成本低，其个别生产价格就低于社会生产价格，因而农地需求旺盛；而在经济欠发达地区，人口密度小，消费水平低，对农产品的需求种类相对单一，加之远离市场，交通成本高，农业利润较低，因而农地需求不足。设经济发达地区的需求曲线为 D_1，经济欠发达地区的需求曲线为 D_2，则有 $D_1 > D_2$。曲线 S_1 与曲线 D_1 相交于 A 点，并形成均衡价格 P_1，曲线 S_2 与曲线 D_2 相交于 B 点，并形成均衡价格 P_2，从图 2-4 中可以清晰看出，在曲线 S_1 与曲线 D_1、曲线 S_2 与曲线 D_2 的相互作用下，P_1 明显高于 P_2。由此可见，区位因素通过作用于供需关系而成为影响农地流转价格分化的又一主要因素。

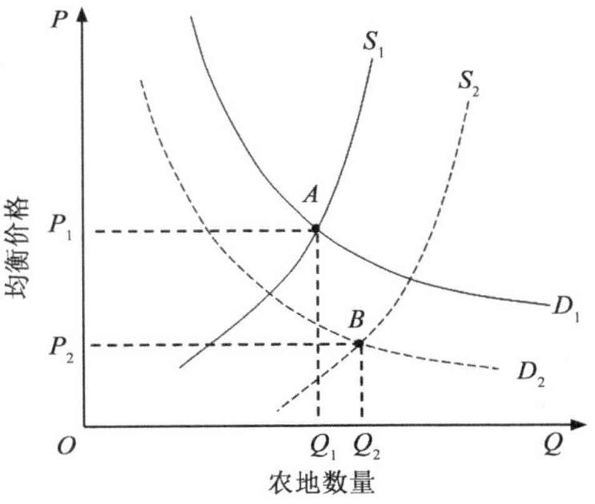

图 2-4　区位因素对农地流转价格的影响

二、宏观经济因素

在不同的经济发展阶段，生产力发展水平不尽相同，对农地需求的强度以及利用结构也有所区别。一般而言，随着经济的不断增长，既有的经济结构平衡状态会被打破，资源的相对价格以及配置状态也会发生变化，由此会促使资源的利用结构发生调整。土地资源作为促进经济增长的重要载体，其需求、供给与价格也会在经济增长的进程中有所改变。

从需求侧来看，随着经济的发展，城镇化、工业化的推进，城乡居民收入水平的提高，主要农产品的总量和农产品消费结构均会发生变化。具体来讲，依据国际经验，随着经济的发展，主要农产品消费总量会持续增加，同时，居民食物消费中的肉、奶、蔬菜、水果等的消费比例将有所上升，而粮食的消费占比会有所下降[131]。一方面，由于农产品消费总量的增加，必然引致农地需求的增长；另一方面，由于蔬菜水果等的生产利润总体较高，随着农产品消费结构的优化升级，会进一步刺激农业经营主体扩大经营规模，从而进一步拉动农地需求的增长。

从供给侧来看，经济发展对农地供给的影响主要体现在2个方面：第一是耕地总量的减少。随着工业化、城镇化的快速推进，农地非农化趋势在所难免，根据国家统计局数据显示，2009—2017年我国的耕地面积从13 538万 hm^2 变为13 488万 hm^2，8年间共计减少耕地50万 hm^2，这必然导致耕地自然供给的减少。第二是耕地质量的下降。虽然我国耕地在数量上总体实现了占补平衡的目标，但普遍存在占优补劣的问题，耕地质量未能得到有效保障[132]。根据2014年环境保护部和国土资源部发布的《全国土壤污染状况调查公报》显示，全国土壤环境状况总体不容乐观，部分地区土壤污染较重，耕地土壤环境质量堪忧。全国土壤污染总超标率为16.1%，而耕地土壤点位超标率为19.4%，其中中度和重度污染点位占比为2.9%。由此可见，耕地质量的下降在一定程度上进一步削弱了农地的经济供给能力。

综上可知，在其他条件不变的情况下，伴随经济的发展，农产品消费总量会持续增长，农产品消费结构也会优化升级，从而拉动农地需求的增加，即原农地需求曲线 D_1 会向右移动至 D_2。而工业化、城镇化的快速推进，又会导致总体供给能力的下降，即原农地供给曲线 S_1 会向左移动至 S_2。在两者作用下，均衡价格会由 P_1 上升至 P_2（图2-5）。

三、制度与政策因素

国家的经济政策、农业发展政策和土地政策，以及相关法律法规都会通过影响农地流转市场的供需关系，进而作用于农地流转价格。概括而言，在这些制度、政策中对农地流转市场影响较大的有3类，第一类是农地产权制度安排，第二类是农地流转政策，第三类是农业发展政策。产权制度安排借由交易费用影响农地市场供需，进而作用于农地流转价格；农地流转政策通过直接和间接2种方式作用于供需关系，进而影响农地流转价格；农业发展政策主要通过农业经营的成本、收益来影响农地市场供需，进而作用于农地流转价格。接下来，我们将借用微观经济学的

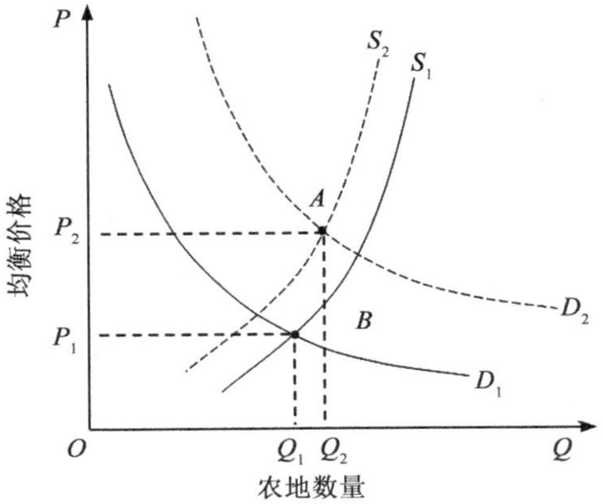

图 2-5　宏观经济因素对农地流转价格的影响

基本分析工具分别从农地产权制度、农地流转政策、农业发展政策 3 方面讨论其对农地流转价格影响的传导机制。为了方便研究，本研究需要在此提出以下前提假设：①流转双方都是理性经济人，以追求农地经营收益最大化作为行动切入点。②我们先假定农地流转市场是完全竞争市场，即初始交易费用为零。③一般而言，农产品产出对应的生产函数受耕作制度、种植结构、生产技术水平、管理水平、农地经营面积等诸多因素的影响。出于研究便利考虑，我们假定其他因素不变，农产品的产出水平仅仅是农地经营面积的函数。由于边际效益递减规律的存在，随着农户农地经营规模的扩大，农地的边际收益（MR）呈现先增后减的变化趋势，农地的边际成本（MC）呈现先减少后增加的变化趋势。④按照流转方向将市场主体分为转出方（s）和转入方（d），双方的生产函数为 $F_i(Q_i)$，其中，Q_i 为农地经营面积，$i=s,d$。在此背景下可做出如下合理假设：给定双方的初始农地面积为 Q_0，转出方的农地经营面积小于 Q_0，而转入方的农地经营面积大于 Q_0。其他变量我们做如下设定：P_a 为农产品价格，P_l 为农地流转价格，农地边际经营成本为 C_{i1}，交易费用为 C_{i2}。

(一)农地产权制度

农地产权制度主要通过交易费用影响农地市场的供需关系。交易费用又称为交易成本，是新制度经济学的核心概念以及理论生长点。自科斯创立交易费用理论以来，学者们从不同角度对交易成本的概念给予了界定。例如，阿罗认为交易成本是经济制度的运行成本[133]；威廉姆森[134]将交易费用比作经济世界中的摩擦力，并将其分为事前交易费用和事后交易费用；我国经济学家张五常[135]将制度经济学范式系统地引入中国经济问题的研究中，并指出，交易费用可看作是由信息成本、谈判成本、监督管理成本、界定和控制产权成本等组成的一系列制度成本。制度经济学认为，交易费用主要受产权制度影响，不同的产权制度会产生不同的交易费用。一般认为，农地产权的稳定性和完整性影响着农地流转的交易成本，从而对农地流转市场具有重要作用[44]。相关研究表明，如果国家的农地制度安排继续朝着“还权赋能”方向发展，则可降低交易费用，反之，则会增加交易费用[136, 137]。为了理清产权制度安排对农地流转市场的影响，我们在边际分析研究中引入交易费用这一变量，观察交易费用对流转双方行为决策的影响，并在此基础上讨论农地制度安排对农地流转价格的影响。

1.从农地转出方

①当交易费用为零时，农地转出方生产决策的收益函数 I_{s1} 为：

$$I_{s1}=P_aF_s(Q_s)+P_l(Q_0-Q_s)-C_{s1}Q_s \qquad \text{公式(2-1)}$$

求解 I_{s1} 最大化，满足：

$$\frac{\partial I_{s1}}{\partial Q_s}=P_a\frac{\partial F_s(Q_s)}{\partial Q_s}-P_l-C_{s1}=0 \qquad \text{公式(2-2)}$$

得：

$$\mathrm{MR}_{s1}=P_a\frac{\partial F_s(Q_s)}{\partial Q_s}=P_l+C_{s1}=\mathrm{MC}_{s1} \qquad \text{公式(2-3)}$$

②当交易费用为正时，农地转出方生产决策的收益函数 I_{s2} 为：

$$I_{s2}=P_aF_s(Q_s)+P_l(Q_0-Q_s)-C_{s1}Q_s-C_{s2}(Q_0-Q_s) \qquad \text{公式(2-4)}$$

求解 I_{s2} 最大化，满足：

$$\frac{\partial I_{s2}}{\partial Q_s}=P_a\frac{\partial F_s(Q_s)}{\partial Q_s}-P_l-C_{s1}+C_{s2}=0 \qquad \text{公式(2-5)}$$

得：

$$\mathrm{MR}_{s2}=P_a\frac{\partial F_s(Q_s)}{\partial Q_s}=P_l+C_{s1}-C_{s2}=\mathrm{MC}_{s2} \qquad \text{公式(2-6)}$$

如图 2-6 所示，当交易费用为零时，转出方的最优经营规模在 Q_{s1} 处，此时转出的农地面积为 $Q_{s0}-Q_{s1}$。当交易费用为正时，转出方的农地经营边际成本下降，边际成本曲线由 MC_{s1} 下移至 MC_{s2}，此时最优经营规模为 Q_{s2}，转出农地面积为 $Q_{s0}-Q_{s2}$。

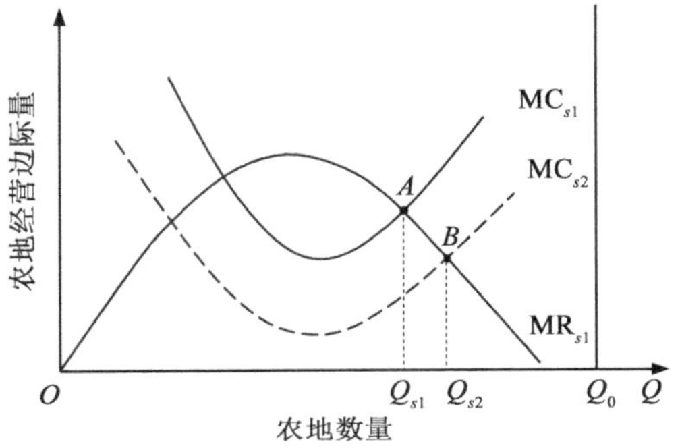

图 2-6　交易费用对转出方流转行为决策的影响

2.农地转入方

①当交易费用为零时，农地转出方生产决策的收益函数 I_{d1} 为：

$$I_{d1}=P_aF_d(Q_d)-P_l(Q_d-Q_0)-C_{d1}Q_d \quad \text{公式(2-7)}$$

求解 I_{d1} 最大化，满足：

$$\frac{\partial I_{d1}}{\partial Q_d}=P_a\frac{\partial F_d(Q_d)}{\partial Q_d}-P_l-C_{d1}=0 \quad \text{公式(2-8)}$$

得：

$$MR_{d1}=P_a\frac{\partial F_d(Q_d)}{\partial Q_d}=P_l+C_{d1}=MC_{d1} \quad \text{公式(2-9)}$$

②当交易费用为正时，农地转出方生产决策的收益函数 I_{d2} 为：

$$I_{d2}=P_aF_d(Q_d)-P_l(Q_d-Q_0)-C_{d1}Q_D-C_{d2}(Q_d-Q_0)$$

公式(2-10)

求解 I_{d2} 最大化，满足：

$$\frac{\partial I_{d2}}{\partial Q_d}=P_a\frac{\partial F_d(Q_d)}{\partial Q_d}-P_l-C_{d1}-C_{d2}=0 \quad \text{公式(2-11)}$$

得：

$$MR_{d2}=P_a\frac{\partial F_d(Q_d)}{\partial Q_d}=P_l+C_{d1}+C_{d2}=MC_{d2} \qquad \text{公式(2-12)}$$

从图 2-7 中可以看出，当交易费用为零时，转入方的最优经营规模在 Q_{d1} 处，此时转入的农地面积为 $Q_{d1}-Q_{d0}$。当交易费用为正时，转出方的农地经营边际成本上升，边际成本曲线由 MC_{d1} 上升至 MC_{d2}，此时最优经营规模为 Q_{d2}，转入农地面积为 $Q_{d2}-Q_{d0}$。

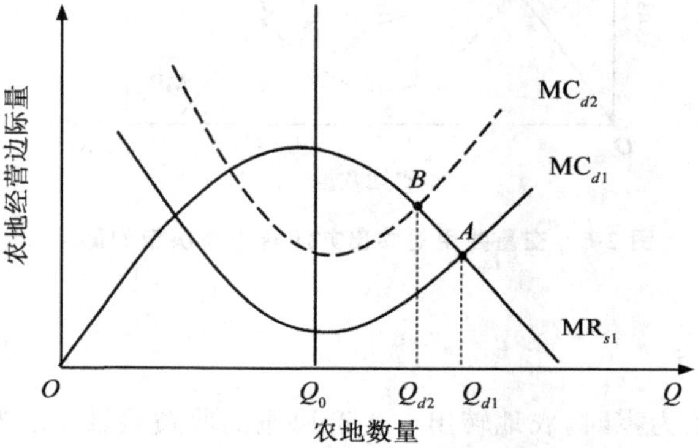

图 2-7　交易费用对转入方流转行为决策的影响

3. 交易费用对农地流转价格的影响

结合以上分析，我们可以发现，由于交易费用的存在，农地转出方的农地流转面积由 $Q_{s0}-Q_{s1}$ 变为 $Q_{s0}-Q_{s2}$，转出农地面积减少，净减少值为 $Q_{s2}-Q_{s1}$。同时，农地转入方的农地流转面积由 $Q_{d1}-Q_{d0}$ 变为 $Q_{d2}-Q_{d0}$，转入农地也相应减少。由此可知，当农地产权制度安排不利于保障农地产权完整性和稳定性时，农地的交易费用会上升，造成农地供给和需求同时减少，抑制农地流转市场发育，不利于价格发现。实际上，当市场上交易费用很高时，为降低交易成本，减少交易风险，农户更倾向于选择基于熟人社会的非正式流转，而这种流转方式形成的价格通常会明显低于市场价格。

(二)农地流转政策

农地流转政策包括政府的农地流转补贴和政府的直接行政干预。农地流转补贴通常是指为鼓励农业适度规模经营而设立的政策性专项补贴，有的地方也称为农业适度规模经营补贴。各地实施农地流转补贴的标准和方法各不相同。一是对适度规模经营面积的认识不同，但基本都在 100 亩以上；二是补贴金额不同，但多数在 100～500 元/亩。虽然实际操作中各地区存在较大差异，但农地流转补贴政策有一个共同点，就是直接对农地流转交易进行补贴，只要农地流转规模达到一定的条件就给予补贴。因此，从本质上讲，农地流转补贴是一种挂钩收入的从量补贴[138]。如图 2-8 所示，假设没有实行流转补贴前，农地流转市场的均衡价格和面积分别为 P_0 和 Q_1。政府实施农地流转补贴后，农地流转面积增加到 Q_2，此时农地转入方支付的需求价格为 P_1，农地转出方获得的农地供给价格为 P_2，两者之差即为政府补贴额。虽然看似转入方的农地流转价格有所下降，但由于能获得补贴的通常是少数经济实力较为雄厚的龙头企业、合作社及专业大户，对于经营规模小于政府补贴标准的转入户而言，不但得不到政府的农业补贴，反而必须接受抬高后的农地流转价格。因此，就整个市场而言，在实施农地流转补贴后，农地流转价格会整体上涨。除了农地流转补贴政策外，不少地方政府为推动农业适度规模经营，甚至将农地流转率作为政绩考核指标。受此影响，不少地方出现了政府通过招商引资大规模流转农地的现象。从供需关系上讲，这等于人为拉动了农地需求的增加，必然导致农地流转价格的抬升。

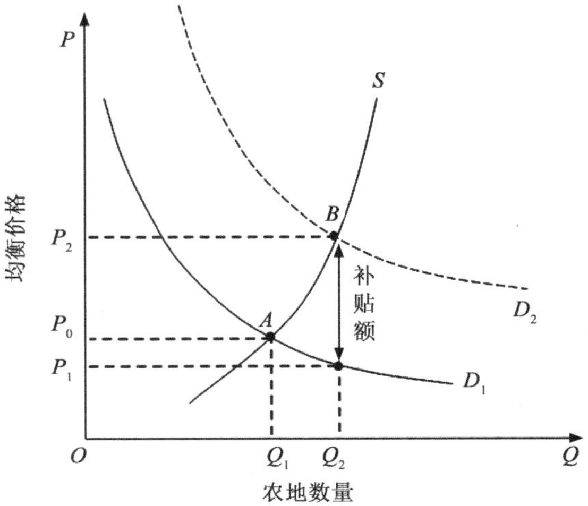

图 2-8　农地流转补贴对农地流转价格的影响

（三）农业发展政策

农业发展政策主要通过影响农产品成本收益而作用于农地流转市场中的供需

关系。根据对农产品生产作用方式的不同，可将农业发展政策分为影响生产成本的政策和影响生产收益的政策。前者如农业税费政策，后者如农业补贴政策、最低粮食收购价政策。下面我们继续借用边际分析法来讨论农业发展政策对农地流转双方决策行为的影响。为了方便分析，我们先讨论政策利好时农地流转双方的决策行为变化，因为当政策不利时双方的决策行为正好相反。

从农地转出方来看，如图 2-9 所示：①当农业政策未调整时，转出方的边际收益曲线 MR_1 与边际成本曲线 MC_1 相交于 A 点，此时，转出方的最优经营规模为 Q_1，农地流转面积为 Q_0-Q_1。②当国家实施农业税费减免时，农业生产成本减少，导致农地经营边际成本下降至 MC_2，与 MR_1 交于 B 点，此时转出方的最优农地经营面积由 Q_1 增加为 Q_2，农地转出面积为 Q_0-Q_2。③当国家实施农业补贴时，如 2004 年起实施的 4 项补贴政策（粮食直补、良种补贴、农机具购置补贴和农资综合补贴），农业收入增加，导致农地经营边际收益 MR_1 整体抬升至 MR_2，并与 MC_2 交于 C 点，此时转出方的最优农地经营面积由 Q_2 增加到 Q_3，农地转出面积为 Q_0-Q_3。④当国家持续提高粮食最低收购价格时，农业生产总收益会增加，导致农地经营边际收益从 MR_2 进一步抬升至 MR_3，与 MC_2 交于 D 点，此时转出方的最优农地经营面积由 Q_3 增加到 Q_4，农地转出面积为 Q_0-Q_4。

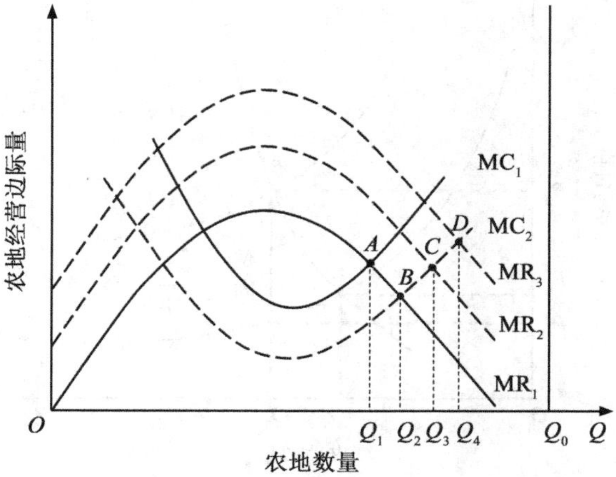

图 2-9　政策调整对农地转出方行为决策的影响

从农地转入方来看，如图 2-10 所示：①当农业政策未调整时，转入方的边际收益曲线 MR_1 与边际成本曲线 MC_1 相交于 A 点，此时，转入方的最优经营规模为

Q_1，农地转入面积为 Q_1-Q_0。②当国家实施农业税费减免时，农业生产成本减少，导致农地经营边际成本下降至 MC_2，与 MR_1 交于 B 点，此时转入方的最优农地经营面积由 Q_1 增加为 Q_2，农地转入面积为 Q_2-Q_0。③当国家实施农业补贴时，农业收入增加，导致农地经营边际收益 MR_1 整体抬升至 MR_2，并与 MC_2 交于 C 点，此时转入方的最优农地经营面积由 Q_2 增加到 Q_3，农地转入面积为 Q_3-Q_0。④当国家持续提高粮食最低收购价格时，农业生产总收益会增加，导致农地经营边际收益从 MR_2 进一步抬升至 MR_3，与 MC_2 交于 D 点，此时转入方的最优农地经营面积由 Q_3 增加到 Q_4，农地转入面积为 Q_4-Q_0。

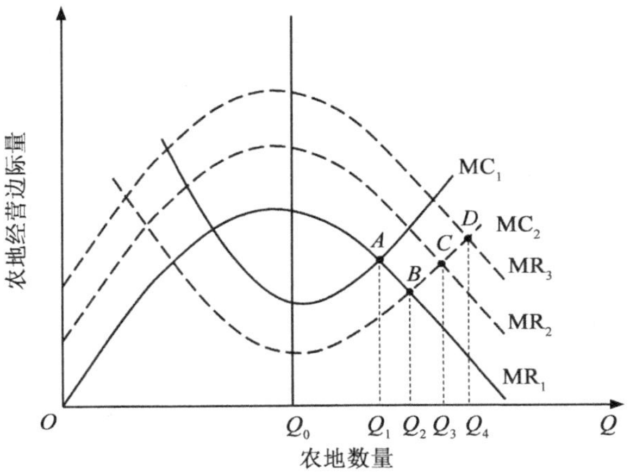

图 2-10 政策调整对农地转入方行为决策的影响

通过政策调整对供需双方流转行为决策的分析发现，整体而言，一系列惠农政策的实施对农地流转市场的供需双方都产生了明显的影响：一方面减弱了农户转出农地的供给意愿；另一方面刺激了农业经营主体扩大经营规模的需求。如图 2-11 所示，其他条件不变的情况下，原农地流转需求曲线 D_1 在政策利好情况下向右移动至 D_2，而供给曲线 S_1 向左移动至 S_2，市场均衡价格由 P_1 上涨到 P_2。

四、微观结构因素

前面 3 点都是从宏观层面上分析农地流转价格的分化机制。实际上，即便在宏观环境既定的条件下，由于流转用途和流转主体的不同，也会导致农地流转双方的供需行为存在明显差异。我们知道，当供需发生变化时，农地流转价格自然会随之变化。如果某些微观结构因素能显著地影响农地流转价格,那么我们便可以从中把握农地流转价格在结构上的分化特征。

在农地流转用途上,杜能的农业区位论认为,由于不同农业生产活动对地租的支付水平不同,农业生产者会选择在距离市场不同的区位种植不同的农作物,由此形成了农业土地利用的圈层结构,即“杜能圈”。由此可知,不同用途的流转价格差异是与农业区位密切相关的。但该理论是建立在农地空间同质性基础上的,现实生活中,由于土地用途管制、农地异质性以及当地种植传统等因素,导致相同区位不同用途的情况时有发生。由于不同流转用途的边际产出水平存在明显差异,农业经营主体对那些流转后用途限制较少的农地的需求就会明显高于用途限制较多的农地,由此导致不同流转用途的农地流转价格存在明显差异。

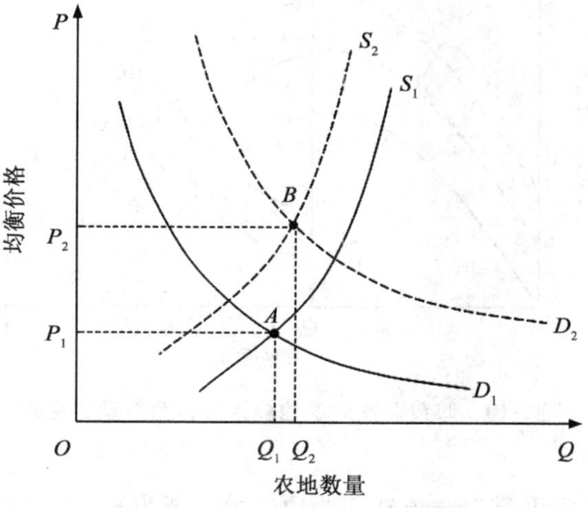

图 2-11　政策因素作用下农地流转市场的供给与需求

在农业经营主体上,由于农业企业、农业合作社、专业大户、家庭农场和普通农户的流转意愿和支付能力不同,因而这 5 类农业经营主体的农地需求会存在明显差异。前 4 类主体转入农地的目的是为了追求利润最大化,而普通农户转入农地主要是为了实现充分就业。在农地需求上,通常存在“农业企业>农业合作社>专业大户(家庭农场)>普通农户”的趋势。即便在农地需求相同的情况下,由于不同主体的事后监督成本和违约风险不同,农地供给也会有明显差异[128, 139]。从各主体的事后监督成本和违约风险来看,农业企业>农业合作社>专业大户(家庭农场)>普通农户,随着监督成本和违约风险的增加,农地供给会不断减少,从而造成供给曲线会随着普通农户向农业企业过渡而不断向右移动。由此可见,不同流转主体由于其农地供给和需求的不同,其价格必然存在分化。

第五节　分析框架

对既有事实的观察是研究农地流转价格分化的基础。只有在对中国农地流转价格分化特征有直观认识的前提下,才可能从中发现规律,进而思考现象背后的经济作用机制。如前所述,价格分化研究通常是从时间、空间和结构 3 个视角切入的。因此,本研究首先基于 1978—2017 年全国 3 种粮食土地成本数据和全国农地流转价格调研数据,分别从时间、空间和结构 3 个维度静态分析农地流转价格的分化特征及其形成机制。其次,在静态分析基础上,以时间为横轴,进一步探讨农地流转价格分化的趋势,并从农地供需关系变化的视角揭示这种分化趋势的内在逻辑。最后,以国家粮食安全的视角全面审视农地流转价格分化对粮食生产成本的影响,以期为全面掌握我国农地流转价格基本国情,深入认知农地流转价格的分化规律,以及适时调控农地流转价格提供理论参考(图 2-12)。

(一)农地流转价格分化的静态特征及形成机制分析

本部分主要从时间、空间和结构 3 个维度对我国农地流转价格的总体情况与影响因素展开静态分析,以期全面揭示我国农地流转价格的总体特征及形成机制。主要内容如下。

(1)我国农地流转价格的时间分化特征及形成机制研究。首先,以 1978—2017 年的地租数据为基础,根据农地流转价格变化曲线的结构性断点,对 1978—2017 年农地流转价格进行阶段划分。其次,结合我国农地流转制度变迁,从价格水平和增值率两方面揭示各阶段的价格特征。再次,综合应用时间序列分析法、相关分析和 OLS 回归模型,探讨宏观经济因素和政策因素与农地流转价格的长期均衡关系,从中探究我国农地流转价格在时间分化上的主导因素。

(2)我国农地流转价格的空间分化特征及形成机制研究。首先,基于 2009 年、2017 年两期全国农地流转价格数据,运用描述性统计分析和探索性空间数据分析方法揭示我国农地流转价格的空间分化特征。其次,结合理论分析从农地自然因素和区位因素两方面构建影响因素指标体系。再次,综合采用相关分析、空间耦合分析、空间计量分析的方法探究我国农地流转价格分化的宏观机制。

(3)我国农地流转价格的结构分化特征及形成机制研究。首先,根据黄淮海地区5省3 136份实地调研样本对研究区的农地流转市场情况进行总体分析。其次,综合采用定性和定量分析方法分别从“流转用途”和“流转主体”的维度剖析农地流转价格的结构分化特征。再次,从收益水平和生产效益的角度深入分析结构分化的形成原因。

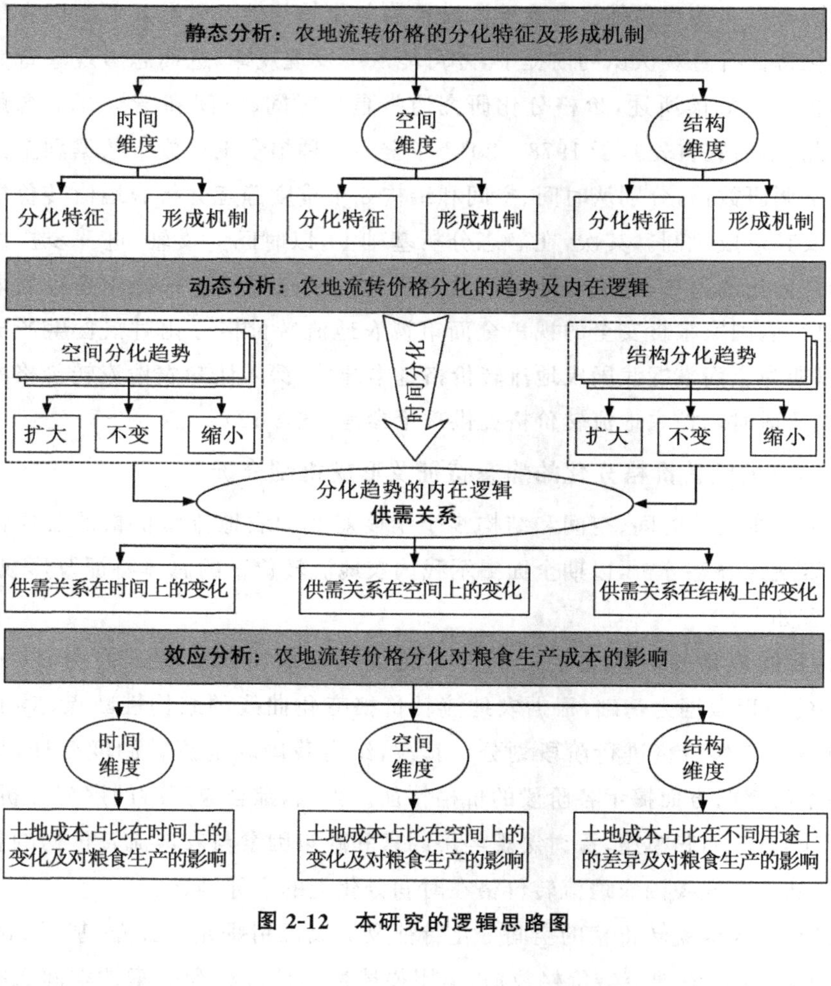

图 2-12　本研究的逻辑思路图

(二)农地流转价格分化的动态变化及内在逻辑分析

前一部分从静态角度系统分析了农地流转价格的分化特征及形成机制,但尚未揭示农地流转价格分化的变化趋势及内在机理。为此，本部分以时间为横轴，分析我国农地流转价格空间分化和结构分化的变化趋势，并通过测度农地市场供需关系在时间、空间和结构上的变化，揭示农地流转价格分化的内在逻辑。

（三）农地流转价格分化的效应分析

在对农地流转价格的分化特征与机制进行静态和动态分析后，本研究还将进一步讨论我国农地流转价格分化对农业生产的影响，以期为测度农地资本化程度和调控农地流转价格提供实证参考。鉴于粮食安全在农业生产中的重要性，本部分侧重从国家粮食安全的视角全面审视农地流转价格分化对粮食生产成本的影响。具体而言，首先，从时间维度分析土地成本占比的变化趋势；其次，从空间维度分析土地成本占比在空间上的分布情况；再次，从结构维度分析农地流转价格上涨对粮食生产的影响。

第三章　我国农地流转价格的时间分化特征及机制分析

20 世纪 70 年代末以来，我国农地流转先后经历了法律、政策禁止到法律规范、政策鼓励的历史阶段，不同时期农地流转价格存在明显的差异性。为了理清我国农地流转价格的时间分化特征，我们通过年鉴资料整理，得到 1978—2017 年粮食作物单位面积地租数据。本章首先对已有的农地流转价格阶段性划分成果进行系统梳理，并结合 1978—2017 年农地流转价格曲线变化的结构性断点，对 1978—2017 年的农地流转价格曲线进行阶段性划分；其次，运用文献研究法从制度变迁视角详细分析我国各时期的农地流转价格特征；最后，采用计量分析手段从宏观经济因素、制度与政策因素两方面实证分析我国农地流转价格时间分化的影响机制。

第一节　数据来源与处理

由于我国农地流转市场发育较为滞后，加之始终未能建立起覆盖全国的农地流转价格动态监测体系，导致各个时期的农地流转价格数据获取极其困难。庆幸的是，由国家发展和改革委员会价格司编撰的《全国农产品成本收益资料汇编》（后简称《资料汇编》）中对 3 种粮食（稻谷、小麦、玉米）1978—2017 年的土地成本进行了统计，这为我们分析改革开放以来农地流转价格的变化历程提供了数据支撑。根据《资料汇编》对土地成本的解释，“土地成本，也可称为地租，指土地作为一种生产要素投入到生产中的成本，包括流转地租金和自营地折租”[140]。由此可见，这里的土地成本与农地流转价格的内涵是一致的。但这里有两点需要说明：第一，《资料汇编》中的流转地租金是按生产者实际支付的转包费或承包费净额计算的。所谓转包费或承包费净额是指从转包费或承包费中扣除统一收取的机械和排灌作业、技术服务、病虫害防治等与生产相关的直接生产费用后的余额[8,140]。由于对转包费和承包费进行了相应扣减，因而其价格水平极低，以2017年3种粮食流转地租金为例，其每亩的流转地租金仅为38.4元，明显低于正常市场价格水平。第二，《资料汇编》中的土地成本是围绕全体样本农户展开的，其中包含大量自耕农样本。由于自耕农的土地成本采用自营地折租的方式计算，而自营地折租水平又是按照机会成本的方式估算得到，因而其土地成本并未真正显性[7,140]。值得注意的是，虽然《资料汇编》的土地成本数据低于正常市场条件下的农地流转价格水平，但这并不妨碍农地流转价格的总体趋势分析，本章重点关注农地流转价格的发展变化趋势，而不是绝对量；同时，鉴于土地成本与农地流转价格的内涵一致，为避免同一概念的混用，本章统一采用农地流转价格的提法。

第二节　农地流转价格的阶段划分

表3-1列举了近年来部分学者对农地流转价格的阶段划分情况。从表中可以看出，虽然各个学者对农地流转价格的阶段划分有所不同，但总体趋势一致，即我国农地流转价格大致经历了“逐步显化—相对稳定—快速增长”的发展历程。通过对不同学者阶段划分的交集来看，逐步显化阶段大致处于1997年以前，相对稳定阶段主要集中在1998—2003年期间，而快速增长阶段则多认为在2003年以后。虽然已有研究为我们整体把握农地流转价格的时间分化特征提供了基本遵循，但这些研究也存在着3点明显不足：第一，这些研究大都建立在文献梳理和案例分析基础上，论证中所用到的数据多为零星调查数据，缺乏连续数据支撑，因而对农地流转价格的阶段划分或多或少带有主观判断色彩；第二，这些阶段划分多基于价格水平的判断，缺少对农地流转价格增长率的分析；第三，已有研究的截止时间多在2014年以前，缺少近期农地流转价格变化特征分析，因而时效性有待提高。

表 3-1　部分学者对我国农地流转价格时间阶段的划分

学者	阶段划分	阶段性特点
朱启臻[10]	极低水平期(2006 年以前)	代耕情况比较普遍,地租水平极低
	较低水平期(2006—2007 年)	流转多发生在村集体内部,地租水平较低
	快速增长期(2008—2014 年)	地租呈现明显的市场化特征,并迅速攀升
全世文[8]	温和上涨期(1978—1997 年)	农地租金水平低,粮食生产土地成本占比不到 7%
	租金稳定期(1998—2004 年)	土地资本化水平低,地租水平总体稳定
	快速上涨期(2005—2015 年)	地租迅速攀升,并伴随着过渡资本化
范传棋[141]	租金禁锢期(1978—1983 年)	农地流转率极低,并未出现真正意义上的租金
	租金萌芽期(1984—1987 年)	地租开始出现,以实物地租为主且数量较少
	租金无偿期(1988—2002 年)	受农业税费影响,无偿代耕现象较普遍
	租金显化期(2003—2007 年)	地租逐渐向市场化方向过渡
	租金高位期(2008—2014 年)	租金迅速上涨,并到达高位水平
王颜齐[105]	政策禁止期(1978—1983 年)	农地流转价格表现出无偿性和超低性
	政策放开期(1984—1986 年)	农地的商品化属性开始显现,地租水平较低
	法律允许期(1987—2002 年)	农地的商品化属性进一步显化
	政策鼓励期(2003—2012 年)	农地流转价格市场化趋势明显,并迅速走高

注:朱启臻、王颜齐在文中没有明确交代最后一个阶段的截止日期,我们以其学术成果公开发表日期计入。

为了更全面、准确、客观地把握农地流转价格的时间分化特征,本研究通过对《全国农产品成本收益资料汇编》进行资料整理,统计出 1978—2017 年 3 种粮食单位面积的农地流转价格和农地流转价格增长率情况,并绘制曲线,如图 3-1 所示。从流转价格及增长率的变化趋势来看,在 1978—2017 年期间存在 1997—1998 年、2004—2005 年、2014—2015 年 3 个明显的结构断点,由此可将农地流转价格划分为 1978—1997 年、1998—2004 年、2005—2014 年、2015—2017 年 4 个历史阶段。

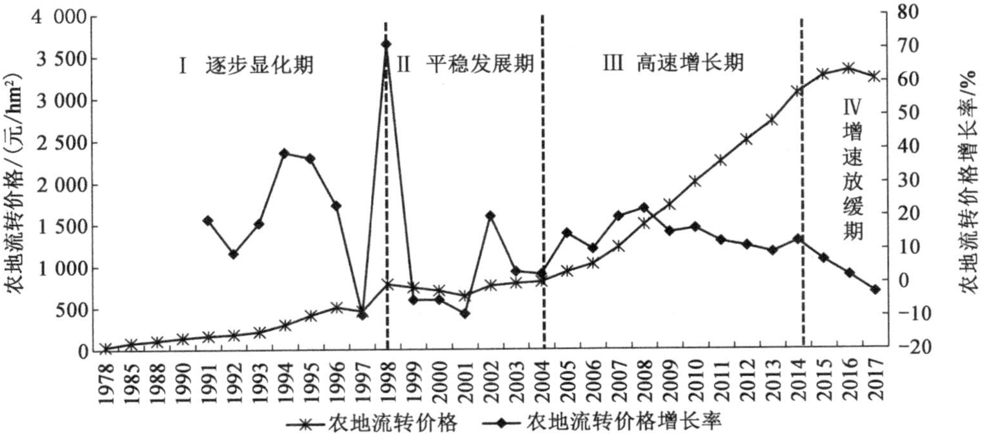

图 3-1　1978—2017 年 3 种粮食农地流转价格

第三节　农地流转价格的时间分化特征分析

一、农地流转价格时间分化的总体特征

从农地流转价格的 4 个分化阶段来看：①在 1978—1997 年期间，农地流转价格从 1978 年的 33.45 元/hm^2 上升至 1997 年的 457.20 元/hm^2，累计增长 1 266.82%，年均增为 14.76%。虽然从绝对增幅来看，20 年间农地流转价格增长了近 13 倍，但这一阶段实际上是对改革开放初期及之前一段时期我国农地资源“无偿、无流动”使用的一种补偿，其实际流转价格并不高。因此，可以将这一时期称其为“农地流转价格的逐步显化阶段”。②1998 年我国农地流转价格出现阶段性抬升，从 1997 年的 457.20 元/hm^2 上涨到 783.30 元/hm^2，当年增幅达到 71.33%，但此后 6 年农地流转价格虽有波动，但总体平稳。据统计，在 1998—2004 年期间，农地流转价格增幅仅为 3.54%，年均增速仅为 0.58%。因此，我们将这一时期称为“农地流转价格的平稳发展阶段”。③从 2005 年开始，我国农地流转价格进入了一个长达 10 年的快速上涨期，农地流转价格从 2005 年的 930.30 元/hm^2 迅

速攀升至 2014 年的 3 059.10 元/hm^2,期间累计增长 228.83%,年均增速达到 14.14%。整体来看,2005—2014 年是除逐步显化期外,我国农地流转价格又一个高速增长时期,且相比第一阶段较低的价格水平,这一时期我国农地流转价格迅速走向高位水平。因此,我们将这一时期称其为"农地流转价格的高速增长阶段"。④2015 年以后,我国农地流转价格的增速开始明显下降,从 2015 年的 3 266.40 元/hm^2 下降到 3 233.70 元/hm^2,降幅为-1.00%,年均增速也迅速降到了-0.50%。由于这一时期农地流转价格增速较前一阶段明显下降,因此,我们将这一时期称其为"农地流转价格的增速放缓阶段"。

二、农地流转价格时间分化的阶段性特征

(一)农地流转价格的逐步显化阶段(1978—1997 年)

改革开放后随着我国的经济快速发展,农业生产值也表现出稳健的增长态势,农地作为农业生产的基本生产要素,其资产价值在这一时期经历了从无到有并逐渐显化的过程。虽然农地流转价格看似在这一时期增速明显,但实际上更多是对农地禁止流转时期农地"无价格"的一种补偿,实际流转价格水平在这一阶段仍然较低。根据这一时期我国农地流转制度的变迁轨迹,又可将这一阶段细分为 1978—1983 年农地流转价格禁锢期、1984—1987 年农地流转价格萌芽期和 1988—1997 年农地流转价格缓慢增长期 3 个时期。

农地流转价格禁锢期(1978—1983 年)。这一时期,农地的流转行为是被严格禁止的,1982 年的宪法第十条规定:"任何组织或者个人不得侵占、买卖、出租或者以其他形式非法转让土地。"1982 年中央 1 号文件也明确指出"社员承包的土地,不准买卖,不准出租,不准转让,不准荒废,否则,集体有权收回。"应该说这一时期无论从国家制度上讲还是从市场条件来看,都不具备农地流转价格的形成条件。首先,家庭联产承包责任制刚开始在全国推广,有意愿转出农地的农户极少。其次,受户籍制度制约,大量农村劳动力被束缚在土地上,导致可供转出的农地数量很少。再次,农户的转入需求被政策以及法律刚性约束,造成真实需求很低。据中国农村社会经济典型调查结果显示,截至 1983 年年底,全国转出耕地面积占总耕

地面积的比重没有超过 0.7%。总的来讲，这一时期农地流转以自发性和隐蔽性为主，农地流转价格以无偿和超低价为主要特点[105]。

农地流转价格萌芽期（1984—1987 年）。国家对农地流转的禁止性规定到 1984 年开始有所放松。1984 年中央 1 号文件《关于 1984 年农村工作的通知》明确提出，土地承包期一般应在 15 年以上并鼓励土地逐步向种田能手集中。1986 年中央 1 号文件又规定："鼓励耕地向种田能手集中，发展适度规模的种植专业户。"上述两个文件为农地流转提供了制度上的契机。但此时，法律中关于禁止土地流转的规定并未调整。因此，农地流转在法律上仍然是被禁止的。虽然如此，由于土地政策上的松动和乡镇企业的大量兴起，加之 1984 年，国务院出台《关于农民进入集镇落户问题的通告》，放宽了农民落户城镇的条件，使得这一时期广大农村地区开始陆续出现农地流转现象。从产权视角看，农民取得了 15 年以上的土地承包期，地权开始趋于稳定，同时，农地流转市场的供给和需求均已形成一定规模，农地流转价格形成的市场基础开始形成。总的来说，这个时期农地流转价格开始出现，但以实物地租为主且价格水平较低。

农地流转价格缓慢增长期（1988—1997 年）。1988 年，《中华人民共和国宪法（修正案）》中，将《宪法》第 10 条第 4 款修改为："任何组织或者个人不得侵占、买卖或者以其他形式非法转让土地。土地的使用权可以依照法律的规定转让。"从而在国家法律层面为农地流转开启了绿灯。同年，新修订的《土地管理法》第 2 条第 4 款规定："国有土地和集体所有的土地使用权可以依法转让。"这为农地流转提供了法律依据。1993 年，《中共中央　国务院关于当前农业和农村经济发展的若干政策措施》提出"在原定的耕地承包期到期之后，再延长 30 年不变"。同年，党的十四届三中全会《决议》提出："允许土地使用权依法有偿转让。也允许少数经济比较发达的地方，本着群众自愿原则，可以采取转包、入股等多种形式发展适度规模经营。"从产权视角来看，这一时期农民的承包地权能得到进一步完善，农民在取得农地使用权和收益权基础上，进一步巩固了占有权，并从法律上肯定了农地的部分处置权。总的来讲，这一时期，随着政策和法律的逐步规范化，农地的有偿流转已达成共识，农地使用权商品化特征进一步显现，农地流转价格在 20 世纪 90 年代初期出现了一轮较明显的上涨，年均增速甚至一度达到了 23.91%（1990—1995 年）。

即便如此，这一时期的农地流转价格水平仍较低。

(二)农地流转价格的平稳发展阶段(1998—2004 年)

20 世纪 90 年代中期，我国粮食连续丰收，出现结构性过剩，主要粮食产品价格持续下跌。为切实保证农民增产增收、保护农民生产积极性，国家开始推进粮食流通体制改革[8]。1997 年，中央出台"四分开一完善"政策，实行政企分开、中央和地方责任分开、储备与经营分开、新老挂账分开，完善粮食价格机制。1998 年国家又进一步实施了以"三项政策一项改革"为主要内容的粮食流通体制改革。一系列粮食流通体制改革对保证农民增产增收，提高农民粮食生产积极性起到了积极的作用[142]。在此背景下，农地流转价格在短期内(1998 年)出现了阶段性抬升。值得说明的是，由于这一时期以农地为载体的农业税费依然较重[143]，导致农民的农地流转积极性并不高，农地流转价格在这一时期虽有短期波动，但总体保持稳定。

(三)农地流转价格的高速增长阶段(2005—2014 年)

从图 3-1 可以发现，我国农地流转价格从 2005 年开始进入了一个长达 10 年的高速增长期，这一时期农地流转价格的年均增速高达 14.14%。应该说，这一时期农地流转价格增长既有农业发展政策的经济刺激，又有农地流转政策的直接推动，并在两者共同作用下迅速攀升。

在经济刺激方面，从 2004 年开始，国家采取了一系列对农业的宏观调控措施，涉及农田、粮食生产等多个方面，其中，对农地流转最重要的经济措施包括持续提高粮食最低收购价、取消农业税和实施直接补贴生产者政策(农业补贴)。据中央政府门户网站(www.gov.cn)报道显示，2004—2012 年期间，国内粮价始终保持平稳上升态势，原粮收购价格平均每年上涨 10%左右，成品粮零售价格年均上涨 8%左右[144]。近些年在国际粮价持续走低的背景下，我国粮食最低收购价甚至一度成为市场最高价。粮食价格的上涨，使得农业生产总收入得到提高，在很大程度上增加了农户转入农地的积极性。在供需关系作用下，农户需求曲线向右移动，均衡价格上升。同时，为降低农业生产成本，鼓励粮食生产，国家从 2004 年开始实施了以

“四项补贴”①为主、其他补贴为辅的农业补贴政策，并于2006年起全面取消农业税。四项补贴直接增加了农业总收入，而取消农业税，等于降低了农业生产成本，使得农业生产利润得以提高，从而拉动了农地流转需求，使得均衡价格进一步上升。

实际上，除了上述经济因素外，朱启臻[10]、尚旭东[86, 87]、孙新华[145]等学者在研究这一时期中国农地流转价格时，都特别关注了行政力的推动作用。随着我国加入世界贸易组织(WTO)，我国的农业国际竞争力的弱势逐渐暴露，社会各界及政府意识到农地流转对农业生产效率的意义，开始把追求效率作为引导我国农业发展和土地使用的主流价值观[10]，并把实现规模化经营作为提升我国农业竞争力的重要抓手。在此背景下，中央政策开始从允许到鼓励农地流转的转变。2008年，党的十七届三中全会《决定》提出，要继续稳定和完善农村基本经营制度，在土地承包关系稳定长久不变的前提下，提高家庭经营的集约化水平。2010年，中央1号文件提出“加强土地承包经营权流转管理和服务，健全流转市场，在依法自愿有偿流转的基础上发展多种形式的适度规模经营。”2013年，党的十八届三中全会提出，要“鼓励承包经营权在公开市场上向专业大户、家庭农场、农民合作社、农业企业流转，发展多种形式规模经营。”2014年中央1号文件首次提出“三权分置”的改革路径，为推进适度规模化经营进一步扫清制度性障碍。在中央政策的鼓励下，各地纷纷采取行动推动农村土地的流转。很多省份纷纷出台农地流转奖励政策(表3-2)，如上海松江、浙江宁波、安徽宿州等。还有一些县乡级政府甚至采取行政命令、政绩考评方式推动农地流转[146]。在政府的直接干预和经济激励下，农地流转呈现出流转速度加快、农地需求主体多元化、农地流转规模化等特点，农地需求被进一步放大，进而使得这一时期的农地流转价格一路狂飙。如2013年，西北农林科技大学“粮食主产区土地流转的现状及机制构建”课题组在对河南、山东、河北、安徽4省14个县进行万分之一大样本农户抽样调查时发现，2008年之前农地租金平均在每年每亩500元以下，但2008年之后的农地平均租金高于每年每亩700元，2013年上涨幅度更为明显[147]。

① 四项补贴包括粮食直接补贴、农作物良种补贴、农机购置补贴和农资综合补贴。

表 3-2　部分省市农地流转补贴情况

地方	补贴标准
上海	对全市范围内从事蔬菜生产，年度种植 10 亩以上的农户和农业经营组织。补贴标准为每亩 130 元
天津	按其转入的土地面积，以每亩 400 元的标准给予一次性补助，最高补助金额不超过 10 万元
山东	对经营土地面积 50 亩以上、200 亩以下的，每亩补贴 60 元；200 亩及以上的，每户限额补贴 1.2 万元
陕西	给城镇规划区以外连片范围流转耕地在 1 000 亩以上的村或村民小组，按流转面积每亩地 10 元的标准，由省财政出资对村(组)集体予以奖励
江西赣州	对土地流转用于发展 100 亩及以上规模蔬菜基地的，按 100 元/亩的标准，给土地流入方进行一次性补贴
安徽宿州	家庭农场连片流转土地 100 亩以上的，每亩奖补 200 元，连补 3 年，分年度兑现；对从事设施农业、养殖、特色种植等产业被认定为中小型和大型家庭农场的，分别给予一次性奖补 3 万元和 5 万元
浙江宁波	市级示范性家庭农场给予每家 10 万元的一次性奖励，其中市级奖励 5 万元，县(市)区配套 5 万元
江苏铜山	对效益好的家庭农场给予 3 万～5 万元的奖励，对年销售业绩 100 万元以上的家庭农场，给予实际销售收入 1%的奖励，最高不超过 5 万元。还有贴息扶持，最高额度为 5 万元，可连续享受

注：数据来源于 2015 年 12 月 9 日《农民日报》及地方政府官网平台。

(四)农地流转价格增速放缓阶段(2015 年后)

从图 3-1 可以发现，农地流转价格在经历 10 年高速增长后，从 2016 年起涨幅开始明显回落。由于图 3-1 的数据截止到 2017 年，为了更直观地反映这一趋势，我们通过土流网(https://www.tuliu.com/)数据库收集了我国东中西 3 个典型省份 2014 年第 4 季度到 2018 年第 2 季度的农地流转价格数据，并制作折线图(图 3-2)。从图 3-2 可以发现，虽然这期间国家仍然鼓励农地流转，并继续推进适度规模化经营，但从 2015 年后，农地流转价格趋于平稳，甚至出现小幅度下降。总的来讲，在 2015—2018 年，3 个典型省份农地流转价格的年增长率基本维持在 1%～4%水平上，其中，山东年均增幅 0.08%，安徽年均增幅 2.93%，四川年均增幅 3.23%。这种现象的出现，实际上是受到国内外因素综合影响的结果。一方面，国际粮食市场在经历了 10 年上涨“超级周期”后，于 2014 年下半年转而开始持续下跌，国际粮食到岸税后价持续低于国内粮食销区价格，对国内主要粮食产品形成“天花板”效应。受此影响，国内企业为降低生产成本，开始从国外大量进口粮食产品，加之期间国内粮食连续增产，造成库存积压，出现滞销，从而导致 2016 年国内主要粮食价格开始出现全面下跌，3 种粮食均价从 2014 年的 2.74 元/kg 一度降至 2017 年 2.44 元/kg。另一方面，受土地成本和农资成本不断上涨的影响，无论是粮食生产还是经济作物生产，其农业生产利润都出现持续走低的态势。据国家统计局数据显示，3 种粮食净利润从 2014 年的 11.68%降至 2017 年的−1.16%。在此情况下，河南、山东、河北、吉林等粮食主产区甚至频频出现毁约弃耕现象。综上可知，一方面，粮食价格下降，另一方面，农资和土地成本上升，2015 年后农地流转价格增速明显放缓，并于 2017 年出现负增长。

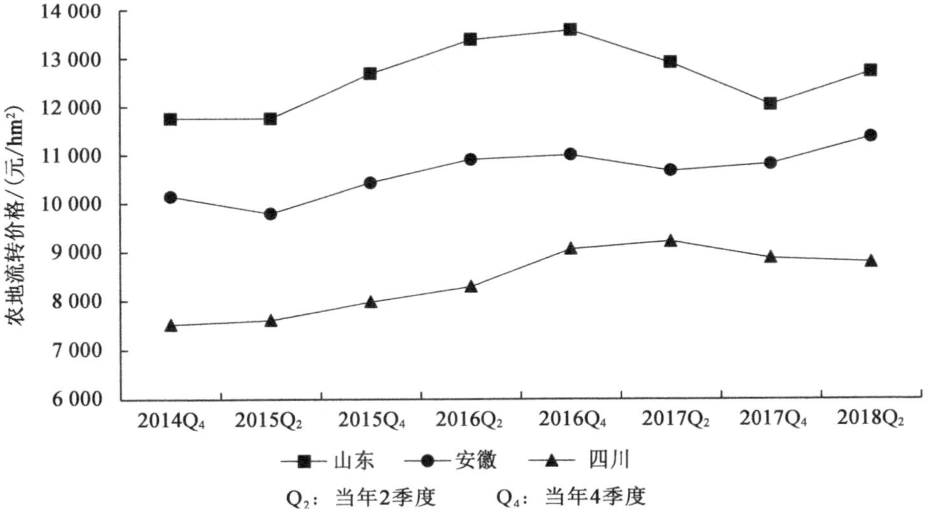

图 3-2 2014—2018 年山东、安徽、四川 3 省农地流转价格情况

第四节 农地流转价格的时间分化机制研究

一、指标选取与数据来源

上一节对农地流转价格的时间分化特征及演化轨迹进行了定性分析，但尚未对农地流转价格的时间分化机制进行定量检验。根据第二章理论分析可知，农地

流转价格在时间上的分化主要受宏观经济因素、制度与政策因素影响。宏观经济因素主要通过经济发展水平和城镇化水平对农地流转价格产生直接或间接影响，因此，本研究选取 GDP 和城镇化率分别表征经济发展水平和城镇化水平。制度与政策因素主要包括农地产权制度、农地流转政策和农业发展政策（农产品价格支持政策、农业补贴政策、农业税费政策）。由于农地产权制度和农业税费政策（取消农业税）难以直接量化，且在上一节已经做了定性梳理，因此，这里侧重分析农产品价格支持政策、农业补贴政策和农地流转政策对农地流转价格的影响。其中，价格支持政策选取 3 种粮食平均价格作为表征，农业补贴政策选取农业 4 项补贴作为表征、农地流转政策选取农地流转率作为表征。值得说明的是，经济因素对农地流转价格的影响是长期而连续的，而农地流转价格数据在 1990 年以前是不连续的，因此我们将经济因素的时间序列设定为 1990—2017 年；政策因素（农产品最低收购价政策、农业 4 项补贴政策等）主要集中在 2004 年以后，因此，政策因素的时间序列设定为 2004—2017 年。此外，为更好地反映变量间的互动关系，并减小数据非平稳趋势对分析结果的干扰，所有指标均用增长率表征。本节分析所用到的指标及数据来源如表 3-3 所示。

表 3-3　指标与数据来源

一级指标	具体指标	代码	时间区间	数据来源
经济因素	GDP 增长率	GDP	1990—2017 年	国家统计局
	城镇化率增长率	Urban	1990—2017 年	中国统计年鉴
政策因素	粮食价格增长率	Price	2004—2017 年	中国农产品价格调查年鉴
	农业补贴增长率	Subsidy	2004—2017 年	中国农村统计年鉴、财政部和农业农村部官网
	农地流转增长率	Transfer	2004—2017 年	农业农村部农村经济体制与经营管理司

二、宏观经济因素对农地流转价格分化的影响

在时间序列分析中，通常采用格兰杰因果检验来测度变量间的互动关系。格兰杰因果检验的基本原理为：设 y_t 、x_t 是两个时间序列，且 y_t 服从 AR(k)自回归关系，若序列 x_t 的过去信息 x_{t-1}，x_{t-2}，…，x_{t-m} 能显著改善对 y_t 变化的解释能力，则表明 y 与 x 之间具有格兰杰因果关系，且 x 是 y 的格兰杰原因，y 是 x 的格兰杰

结果。由于格兰杰因果检验是建立在数据平稳性假设基础上的，因此，在开展格兰杰因果检验前需要对各经济变量做单位根(ADF)检验。

(一)单位根(ADF)检验

我们首先利用 Eviews8.0 软件对农地流转价格增长率、GDP 增长率和城镇化增长率进行 ADF 检验，结果如表 3-4 所示。从表 3-4 中可以看出，农地流转价格增长率(Rent)和城镇化增长率(Urban)分别在 0.01 和 0.05 水平下拒绝存在单位根的原假设，说明二者均为平稳序列，可以进行格兰杰因果检验；GDP 增长率的 ADF 统计量为－1.63，未通过单位根检验，说明 GDP 增长率为非平稳序列。由于 GDP 增长率与农地流转价格增长率不是同阶单整，因此不能采用格兰杰因果检验分析其与农地流转价格的长期均衡关系。鉴于此，我们考虑采用相关分析和回归分析来检验两者的互动关系。

表 3-4　Rent 与经济因素的 ADF 检验结果

变量	ADF 统计量	*P* 值	结果
Rent	－5.34	0.00	平稳
GDP	－1.63	0.45	非平稳
Urban	－2.96	0.05	平稳

(二)格兰杰因果检验

在确认 Rent 和 Urban 均为平稳序列基础上，我们在 Eviews 8.0 中调用“Granger Causality”工具对 Rent、Urban 进行格兰杰因果检验，结果如表 3-5 所示。从表 3-5 的分析结果来看，城镇化增长率不是农地流转价格增长率的格兰杰原因，说明两者不具有长期均衡关系。

表 3-5　格兰杰因果检验结果

原假设	观测值	F 统计量	P 值	结论
Urban 不是 Rent 的格兰杰原因	25	0.34	0.71	接受
Rent 不是 Urban 的格兰杰原因		1.79	0.19	接受

(三)相关分析与 OLS 回归分析

虽然 GDP 增长率与农地流转价格增长率为非同阶单整序列,不符合格兰杰因果检验的前提,但我们仍希望通过其他计量方法来分析两者的互动关系。为此,我们分别采用相关分析和 OLS 回归模型来检验 GDP 增长率与农地流转价格增长率间的长期均衡关系。相关分析表明,GDP 增长率与农地流转价格增长率的相关系数为 0.24,但未通过显著性检验,说明两者不具有显著的相关性。我们进一步利用 OLS 回归分析两者的数量关系,结果如表 3-6 所示。从表 3-6 中可以看出,$R^2=0.06$,说明模型不具有统计学意义,同时 GDP 增长率的回归系数也未通过显著性检验,说明 GDP 与农地流转价格之间不具有显著的统计关系。

表 3-6　Rent 与 GDP 的回归分析结果

变量	回归系数	标准差	t 值	P 值
常量	−3.61	14.42	−0.25	0.80
GDP	1.75	1.44	1.21	0.24

注:R^2 为 0.06。

综上所述,我们发现,城镇化增长率不是农地流转价格增长率的格兰杰原因,同时我国农地流转价格增长率与 GDP 增长率也不具有显著的相关性和函数关系。由此可见,宏观经济因素不是造成农地流转价格时间分化的主要原因。

三、政策因素对农地流转价格分化的影响

正如第三章第三节所言,我国从 2004 年开始实行粮食最低收购价政策和农业 4 项补贴政策;而我国适度规模经营也从 2004 年以后才开始加速推进。为了更直观地反映政策因素与农地流转价格变化的关系,我们绘制了 2005—2017 年农地流转价格、粮食价格和农业 4 项补贴、农地流转率的增长率曲线图(图 3-3)。从图 3-3 中可以看出,4 者的变化趋势具有总体上的一致性:从 2005 年开始迅速攀升,到 2008 年达到增长峰值后开始降低;在 2010—2014 年增速趋于稳定,总体保持高速增长;以 2014 年为拐点,2015 年开始 4 项指标增长率几乎同时下降,并持续走低。

从定性分析中我们可以看出,农地流转价格与政策因素之间具有明显的互动关系,那么这种互动关系是否具有统计意义呢?为此,我们希望通过计量手段对其

进行检验。首先,我们利用 Eviews8.0 对 Rent、Price、Subsidy、Transfer 进行单位根检验(表 3-7)。结果显示,除 Transfer 外,Rent、Price、Subsidy 均未通过 ADF 检验,说明 Rent、Price、Subsidy 在时间序列上不平稳。由于 4 者不具同阶单整关系,不能进行格兰杰因果检验。为此,我们同样考虑采用相关系数和多元回归模型对其进行统计检验。

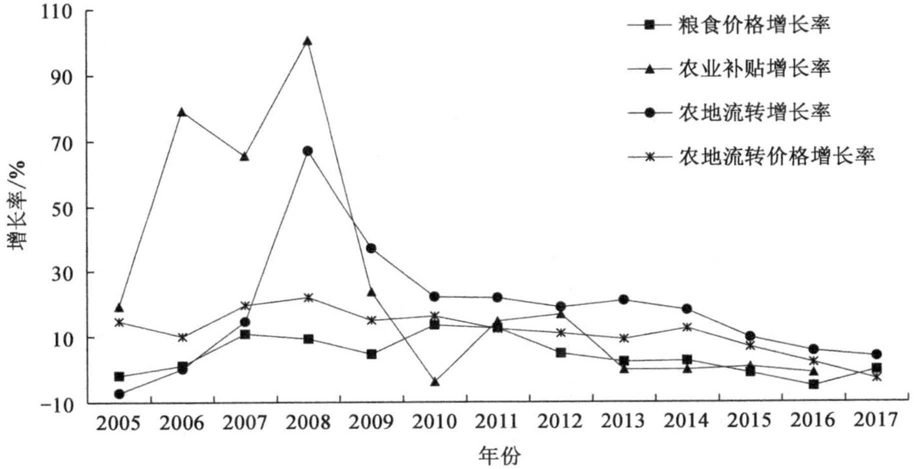

图 3-3　4 项指标增长率变化趋势

表 3-7　Rent 与政策因素的 ADF 检验结果

变量	ADF 统计量	P 值	结果
Rent	−1.07	0.24	非平稳
Price	−1.30	0.17	非平稳
Subsidy	−1.31	0.16	非平稳
Transfer	−20.74	0.01	平稳

注:变量参见表 3-2。

通过 4 者的相关分析发现(表 3-8),农地流转价格增长率与粮食价格增长率、农业补贴增长率、农地流转增长率均存在 0.05 水平上的正相关关系,说明农地流转价格的变动与政策因素的变动具有显著的相关性。相关系数排序为粮食价格(0.68)＞农业补贴(0.59)＞农地流转率(0.57),说明在政策因素中粮食最低收购价政策与农地流转价格之间的密切程度要略高于农业补贴政策与农地流转政策。

表 3-8 Rent 与政策因素的相关分析结果

项目	Rent	Price	Subsidy	Transfer
Rent	1.00	0.68*	0.59*	0.57*
Price	0.68*	1.00	0.27	0.55*
Subsidy	0.59*	0.27	1.00	0.40
Transfer	0.57*	0.55*	0.40	1.00

注:"*"表示变量在 0.05 水平上显著;项目变量参见表 3-3。

虽然相关分析揭示了政策因素与农地流转价格变化的相关性,但这种相关性能否显著地影响农地流转价格变化,尚需通过多元回归分析对其开展进一步验证。为此,我们利用 SPSS 19.0 对其进行多元回归建模,结果如表 3-9 所示。回归模型的 R^2 达到 0.69,说明模型具有良好的解释力。粮食价格和农业补贴分别通过了 0.05 水平和 0.1 水平的显著性检验,表明粮食价格政策和农业补贴政策对农地流转价格产生了显著的影响。其中,粮食价格增长率的回归系数为 0.50,表明粮食收购价每增长 1%,农地流转价格上涨 0.5%;农业 4 项补贴增长率的回归系数为 0.06,表明农业补贴增长 1%,农地流转价格上涨 0.06%;农地流转增长率的回归系数为 0.04,表明农地流转率增长 1%,农地流转价格上涨 0.04%,但农地流转增长率对农地流转价格的影响未通过显著性检验。

表 3-9 Rent 与政策因素的回归分析结果

变量	回归系数	标准差	t 值	P 值
常量	8.12***	1.54	5.29	0.01
Price	0.50**	0.21	2.38	0.04
Subsidy	0.06*	0.03	1.86	0.10
Transfer	0.04	0.07	0.53	0.61

注:***、**、*分别表示在 0.01、0.05 和 0.1 水平上显著;变量参见表 3-2。

通过以上分析我们发现,在长期均衡中,经济的发展和城镇化的推进对农地流转价格的影响较小,而政策因素能借由影响农业生产成本收益迅速传导至农地流转市场,进而导致农地流转价格呈现出明显的阶段性特征。结合第三章第三节的定性分析和第三章第四节的定量分析可知,我国农地流转价格的时间分化主要受制度与政策因素影响。

第五节 本章小结

通过本章研究，得出以下基本结论。

(1)通过对已有研究中农地流转价格阶段性划分的总结梳理，并根据1978—2016年3种粮食农地流转价格曲线的结构性断点，可将农地流转价格划分为1978—1997年的逐步显化阶段、1998—2004年的平稳发展阶段、2005—2014年的高速增长阶段和2015—2017年的增速放缓阶段。

(2)通过对我国不同时期农地流转价格变化的分析发现以下几种发展态势。①在1978—1997年的逐步显化阶段，随着农地流转政策的放宽，我国农地商品化特征开始展现，农地流转价格逐渐显化，并在这一阶段中后期保持了中低速的增长态势。②在1998—2004年的平稳发展阶段，伴随着20世纪90年代中后期国家粮食流通体制改革，农地流转价格在短期内快速上升以后一度保持平稳的发展趋势。③在2005—2014年的高速增长阶段，我国农地流转价格在农业发展政策和农地流转政策的双重刺激下，经历了一个长达10年、年均增速为14.14%的高速增长期。④在2015—2017年的增速放缓阶段，受农产品价格下降和生产成本快速抬升的影响，农业生产利润的不断降低，农地流转需求增长乏力，甚至出现“毁约弃耕”现象，由此造成在我国农地流转价格增速从2016年开始明显下降，进入低增长甚至负增长阶段。

(3)通过时间分化机制的分析发现，城镇化的发展不是农地流转价格变化的格兰杰原因，且GDP增长率与农地流转价格增长率也没有显著的相关性和统计关系，说明农地流转价格与宏观经济因素不存在长期均衡关系。通过对2004年以来政策因素的定量分析发现，农业发展政策和农地流转政策与农地流转价格波动具有显著的正相关关系；在多元回归分析中，粮食价格政策和农业补贴政策分别通过了0.05和0.1水平的显著性检验，表明政策因素与农地流转价格具有显著的定量关系。综上可知，政策因素是我国农地流转价格时间分化的主导因素，而经济因素对农地流转价格影响则不明显。

第四章　我国农地流转价格的空间分化特征及机制分析

从图 1-1 我们可以看出，我国农地真正开始大规模流转是在 2006 年取消农业税以后，同时结合第三章分析可知，我国农地流转价格也是在 2005 年后才开始明显上涨。实际上 2005 年我国农地流转率才达到 4.57%，即便到 2009 年，我国农地流转率也仅为 12.00%，截至 2017 年年底，我国农地流转率已到达 37.00%，全国超过 1/3 的农地已发生流转。虽然自 2006 年后我国学者对农地流转的研究日益增多，但有关农地流转价格的研究还十分匮乏，特别是缺乏宏观尺度上的总体判断。在此背景下，探究我国农地流转市场发育初期和现阶段相对成熟期农地流转价格的空间分化特征及其宏观机制就很有必要。本章拟基于 2009 年和 2017 年省级行政单元的农地流转价格数据，综合应用描述性数据分析、探索性数据分析(ESDA)、相关分析、空间计量模型等方法，分析农地流转市场早期和相对成熟期全国农地流转价格的空间分化特征，并在理论分析基础上探究不同时期农地流转价格的宏观影响机制，以期为宏观把握我国农地流转价格分化特征提供理论参考。

第一节　数据来源与方法

一、数据来源与处理

本章侧重分析全国尺度上农地流转价格的空间分化特征及宏观分化机制，涉及的数据包括各省农地流转价格、耕地质量等别、地形起伏度、农地流转率以及相关宏观经济数据。2017 年农地流转价格数据来源于发函调研、实地调研和网络调研。其中，函调数据由国土资源部于 2016 发函全国土地估价师协会，由各省具有估价资质的估价师实地调研获得，共计调研到全国 27 个省(自治区、直辖市)7 464 个样本；实地调研数据由中国土地政策与法律研究中心组织在校大学生于 2017 年 7—9 月、2018 年 1—4 月在全国 21 个省(自治区、直辖市)开展抽样调研取得，共计调研 1 161 个样本；网络数据主要基于各地土地流转信息平台、农村产权交易平台、农业局官网以及土流网、聚土网、土地资源网等网络数据平台获取，共计调研 31 省（自治区、直辖市）18 499 个样本。截至 2018 年 4 月 30 日，共计收集到全国 31 个省（自治区、直辖市），326 个地级市，1 905 个县（市、区）27 124 个样本点。2009 年农地流转价格数据是以中国科学院地理科学与资源研究所穆松林博士 2009 年的全国调查数据为基础，并通过同期部分科研团队与政府官方指导价修正得到，具体处理过程见下一段。耕地质量等别数据由自然资源部国土整治中心提供。地形起伏度是指在一个特定的区域内，最高点海拔高度与最低点海拔高度的差值。它是描述一个区域地形特征的一个宏观性的指标。该数据是从地理空间数据云平台（http://www.gscloud.cn/）下载 SRTMDEM 90 m 分辨率数据，经过 ArcGIS 10.1 进行镶嵌、裁剪、填洼、邻域分析等处理而得到，具体原理和操作步骤可参考文献[148，149]；社会经济数据来源于《中国统计年鉴》，农村经营管理数据来源于《中国农村经营管理统计年报》。

为了保障数据质量，在开展分析前我们需对 2009 年和 2017 年的农地流转价格样本数据进行预处理。①对 2009 年农地流转价格数据的预处理过程如下：中国科学院地理科学与资源研究所穆松林博士在 2009 年基于网络平台共计调研了 2 批农地流转价格数据，并形成以省为单元的平均农地流转价格成果，详见文献[71，150]。通过分析我们发现 2 批数据在部分省份存在差异，且考虑到网络调研数据可能偏高，我们按照“就低不就高”的原则核计各省平均农地流转价格。同时，鉴于当时我国农地流转市场发育较为滞后，通过网络调研到的数据量和覆盖度都很有限，部分省份的数据精度难免不高。因此，我们进一步结合同时期（2008—2010 年）国土资源部土地整治中心在河北、内蒙古、宁夏等地区的调研数据，国家发展和改革委员会经济体制与管理研究所张征博士[151]在广东的调研数据，南开大学赵美玲教授[152]在天津的调研数据，西南财经大学范丹副教授、范传棋博士[141]在山东的调研数据，以及北京、上海两市部分区县同时期官方指导价对穆松林博士的调研结果予以校正，最终得到 2009 年全国各省平均农地流转价格。②对 2017 年农地流转价格数据的预处理过程如下：首先，剔除 2016—2018 年调查样本中的空值样本和明显异常值（<1 500 元/hm^2 及>45 000 元/hm^2）。其次，以市为单位采用平均值±2 倍标准差剔除异样点。经过上述两个步骤，共计剔除 4 403 个异样点，剩余有效样本共计 22 721 个，数据有效率为 83.77%。再次，由于农地流转价格样本数据收集时间跨度近 2 年，因此，需要对 2016 年和 2018 年的数据做日期修正，修正系数按地价变化趋势法确定。最后，各省平均农地流转价格按公式(4-1)计算。

$$\overline{P}_a = \left[\sum_{i=1}^{n} \left(\sum_{j=1}^{m} P_{ij} / m \right) \right] / n \qquad \text{公式(4-1)}$$

式中，$\overline{P}_a$ 为 a 省农地流转平均价格；P_{ij} 为 i 省 j 县农地流转样本的价格；n 为 a 省有样本点的县级行政单元数量；m 为 j 县样本量。

二、研究方法

(一)全局空间自相关模型

全局空间自相关模型是从区域空间的整体上刻画区域活动空间的集群情况的方法，通常用莫兰指数(Moran's I)来测度。Moran's I 取值范围为[−1,1]，其值大于 0 表示空间事物的属性值分布具有正相关性(即高值与高值邻接、低值与低值邻接)，小于 0 表示该空间事物的属性值分布具有负相关性[153]。莫兰指数的计算公式如下：

$$I = \frac{n \sum_{i=1}^{n} \sum_{j=1}^{n} w_{ij} (x_i - \overline{x})(x_j - \overline{x})}{\left(\sum_{i=1}^{n} \sum_{j=1}^{n} w_{ij} \right) \sum_{i=1}^{n} (x_i - \overline{x})^2} \qquad \text{公式(4-2)}$$

式中，n 为省级行政单元总数；x_i 和 x_j 为省域 i 和 j 的农地流转价格；$\overline{x}$ 为全国农地流转价格的平均值；w_{ij} 为二进制的邻近空间权值矩阵。基于 Queen 邻接关系确定空间权重矩阵，若空间相邻，则 $w_{ij} = 1$；否则 $w_{ij} = 0$。

(二)双变量莫兰指数

双变量莫兰指数(Bivariate Moran's I)是对传统 Moran's I 的改造。传统 Moran's I 表现了空间中同一要素之间存在的聚集关系，而双变量莫兰指数则解释了空间中某一要素的一个指标与其相邻位置要素的另一个指标的空间耦合关系[154]。其计算公式如下：

$$I = \frac{n \sum_{i=1}^{n} \sum_{j=1}^{n} w_{ij} (x_i - \overline{y})(x_j - \overline{y})}{\left(\sum_{i=1}^{n} \sum_{j=1}^{n} w_{ij} \right) \sum_{i=1}^{n} (x_i - \overline{y})^2} \qquad \text{公式(4-3)}$$

式中 n 、x_i 、y_i、w_{ij} 的含义同上，$\overline{y}$ 为各种影响因子的平均值。

(三)空间计量经济模型

传统的回归模型是一种建立在独立观测值假定基础上的。然而，在现实世界中，特别是遇到空间数据问题时，独立观测值在现实生活中并不是普遍存在的。当空间数据之间存在显著的相关性时，传统的回归模型会造成建模失误和有偏估计，而空间计量经济模型不仅有效克服了传统回归模型在处理空间数据时的失误问题，还能测量这种空间依赖性和关联性，并在建模时明确地引入空间联系变量，为估算与检验其贡献提供了全新的手段。目前，常用的空间计量经济模型包括空间滞后模型(Spatial Lag Model，SLM)和空间误差模型(Spatial Error Model，SEM)。其中，当被解释变量之间的空间依赖性对模型显得非常关键而导致了空间相关时，采用空间滞后模型是合适的(公式 4-4)；而当模型的误差项在空间上相关时，选用空间误差模型则更优[155, 156](公式 4-5)。

$$Y=\rho WY+X\beta+\varepsilon \qquad \text{公式(4-4)}$$

$$Y=X\beta+\lambda W\varepsilon+\mu \qquad \text{公式(4-5)}$$

式中，Y 为因变量向量，ρ 为空间相关系数，取值范围为[－1,1]，W 为空间权重矩阵，X 为自变量矩阵，β 为回归系数向量，ε 为空间随机误差向量，λ 是因变量向量的空间误差系数，μ 为正态分布的随机误差向量。

第二节　我国农地流转价格描述性统计分析

利用 SPSS19.0 对我国 2009 年和 2017 年农地流转价格进行描述性统计分析(表 4-1)。从表 4-1 中可以看出，2017 年全国农地流转价格的最大值(21 360.00)和平均值(3 630.00)均高于 2009 年，但最小值为 3 630 元/hm^2，较 2009 年小，这是由于 2017 年数据中增加了西藏的缘故。为方便对比分析，我们将 2017 年西藏的数据剔除，在此情况下，2017 年全国农地流转价格的最小值为 4 830 元/hm^2；最大值为 21 360 元/hm^2，分布在北京；均值为 9 682.87 元/hm^2，标准差为 3 908.98 元/hm^2。通过 2009 年和 2017 年农地流转价格数据对比发现，在不含西藏数据情况下，2017 年全国农地流转价格均值较 2009 年增加 3 325.87 元/hm^2，增幅 52.32%；2017 年的变异系数(0.40)小于 2009 年的变异系数(0.44)，说明 2017

年全国农地流转价格的区域分化程度有所减小；两期的偏度系数均＞0，说明存在明显的正偏态，即农地流转价格低值区域要多于高值区域，同时，2009 年的偏度系数(2.20)大于 2017 年(1.74)，表明 2009 年农地流转价格的两级分化更大；2009 年的峰度系数(4.71)明显大于 3，表明 2009 年各价格区间的分布不均匀，而 2017 年的峰度系数(3.43)接近于 3，说明 2017 年各价格区间的分布频率更均匀。

表 4-1 2009 年/2017 年农地流转价格描述性统计分析 元/hm^2

年份	统计量	极小值	极大值	均值	标准差	变异系数	偏度	峰度
2009	30	4 125.00	15 000.00	6 357.00	2 793.88	0.44	2.20	4.71
2017	31	3 630.00	21 360.00	9 487.61	3 994.07	0.42	1.61	3.19
2017*	30	4 830.00	21 360.00	9 682.87	3 908.98	0.40	1.74	3.43

注：2017* 为不含西藏数据的描述性统计结果。

第三节 我国农地流转价格探索性空间分析

一、农地流转价格的全国空间特征分析

运用 ArcGIS 10.1 的趋势分析工具(trend analysis)分别制作 2009 年、2017 年全国农地流转价格趋势图(图 4-1)。图中 X 表示正东方向，Y 表示正北方向，即红线为东西方向，蓝线为南北方向。从图 4-1 可知，无论是 2009 年还是 2017 年，全国农地流转价格在东西方向上均呈现明显的东高西低态势，在南北方向上，2009 年呈现出南高北低的态势，而 2017 年农地流转价格空间分布出现明显的“中部高，南北低”的倒 U 形分布结构，说明在 2009—2017 年间，我国中部地区的农地流转价格出现了较大幅度上涨。

为探讨农地流转价格的空间聚类特征，我们借助 OpenGeoDa 计算了全国两期农地流转价格的 Moran’s I 并生成莫兰散点图(图 4-2)。通过蒙特卡洛模拟法检验结果显示，2009 年和 2017 年全国农地流转价格分别在 0.05 水平和 0.01 水平上存在显著的空间自相关性。从两期的莫兰指数上看，2017 年的莫兰指数(0.44)明显大于 2009 年(0.27)，说明在 2009—2017 年期间我国农地流转价格的空间相关性在逐渐增强，空间聚类更加明显。从图 4-2 可以看出，散点主要分布在第一和第

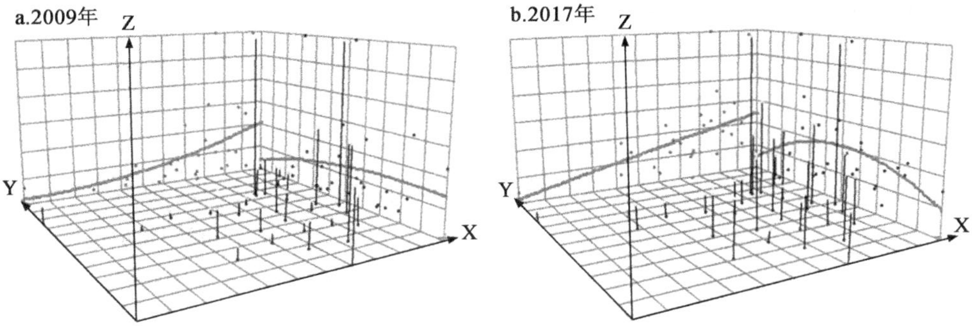

图 4-1　2009 年、2017 年农地流转价格空间趋势

三象限，说明空间形态上主要为"高高-低低"聚类，即农地流转价格高的省份与农地流转价格高的省份聚集，农地流转价格低的省份与农地流转价格低的省份聚集，出现"俱乐部趋同"现象。

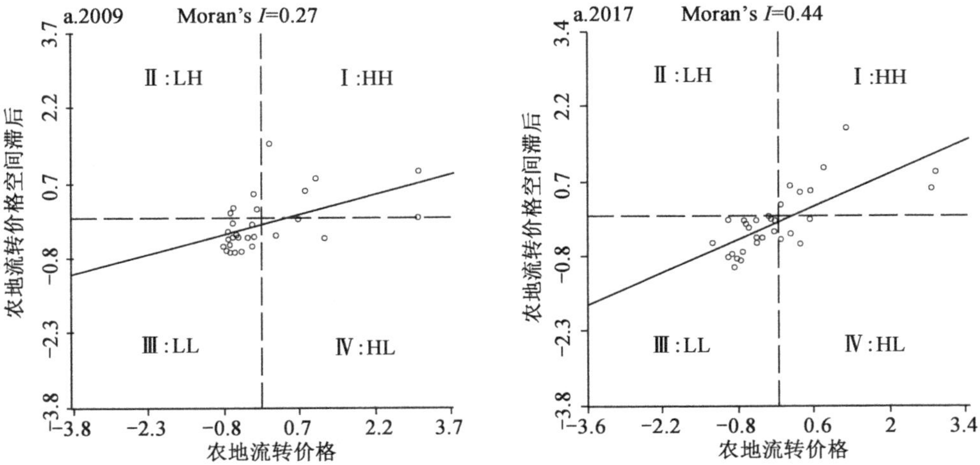

图 4-2　2009 年、2017 年农地流转价格莫兰散点图

二、农地流转价格的局部空间特征分析

全局指标用于探测整个研究区域的空间模式，但无法反映具体的空间分布状况，为此，还需在全局空间分布特征分析基础上，对全国农地流转价格开展局部空间特征分析。目前，常用的局部空间特征分析方法有局部空间自相关分析法

(LISA)和热点分析法(Getis-Ord Gi*),但由于这两种空间分析方法通常要求样本数量在40个以上,以省级行政区为基本单元的样本量明显偏少,造成计算结果往往不显著。鉴于此,为方便对比分析,在ArcGIS10.1中将2009年各省(自治区、直辖市)的农地流转价格按照自然断点法分为高值区、次高值区、次低值区和低值区4种类型(图4-3),并按照2009年的断点规则也将2017年农地流转价格划分为上述4类(图4-4)。对比图4-3和图4-4可以发现,2009—2017年间我国农地流转价格出现了整体抬升,2017年我国农地流转价格的高值区和次高值区域较2009年出现了明显扩大。从价格区间的分布频率来看,2009年全国农地流转价格以低值区和次低值区为主,两者共计24个省份,占80.00%,其中,低值区有15个,占50.00%,次低值区有9个,占30.00%;高值区和次高值区共计6个省份,仅占20.00%,其中高值区有2个,占6.67%,次高值区4个,占13.33%。2017年我国农地流转价格水平发生了整体逆转,高值区和次高值区共计22个,占70.97%,其中,高值区12个,占38.71%,次高值区10个,占32.26%;低值区和次低值区仅

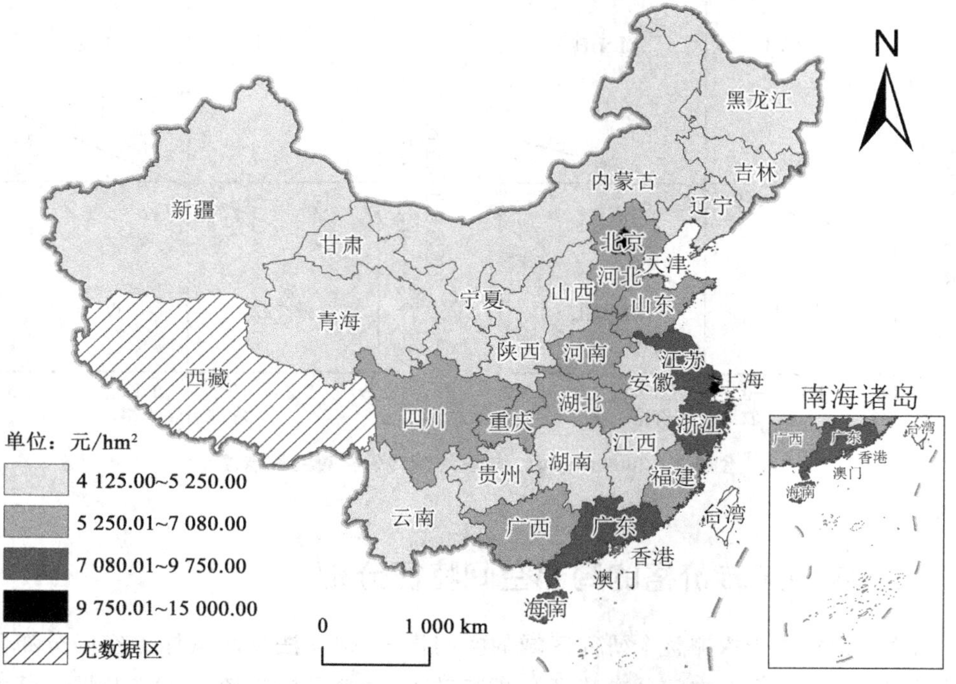

图4-3　2009年农地流转价格分布情况

9 个，占 29.03%，其中低值区 2 个，占 6.45%，次低值区 7 个，占 22.58%。从价格区间的空间分布状况来看，2009 年，高值区仅有北京、上海，次高值区有江苏、浙江、广东、海南 4 省，总体而言，高值区域主要分布在首都、长三角和珠三角地区；次低值区分布在华北平原地区、长江流域中上游地区以及福建、广西等沿海山地省份；低值区集中分布在东北平原、西北内陆以及西南、中南的多山省份。2017 年，高值区和次高值区范围较之前明显扩大，高值区扩大到整个华北平原、长三角和珠三角地区以及西南的重庆和云南两个非粮食主产省份（直辖市），次高值区广泛分布在除贵州和高值区以外的南方省份，以及北方的陕西、山西和辽宁 3 省；低值区和次低值区仍然集中布局在东北平原、西北腹地和青藏高原地区。

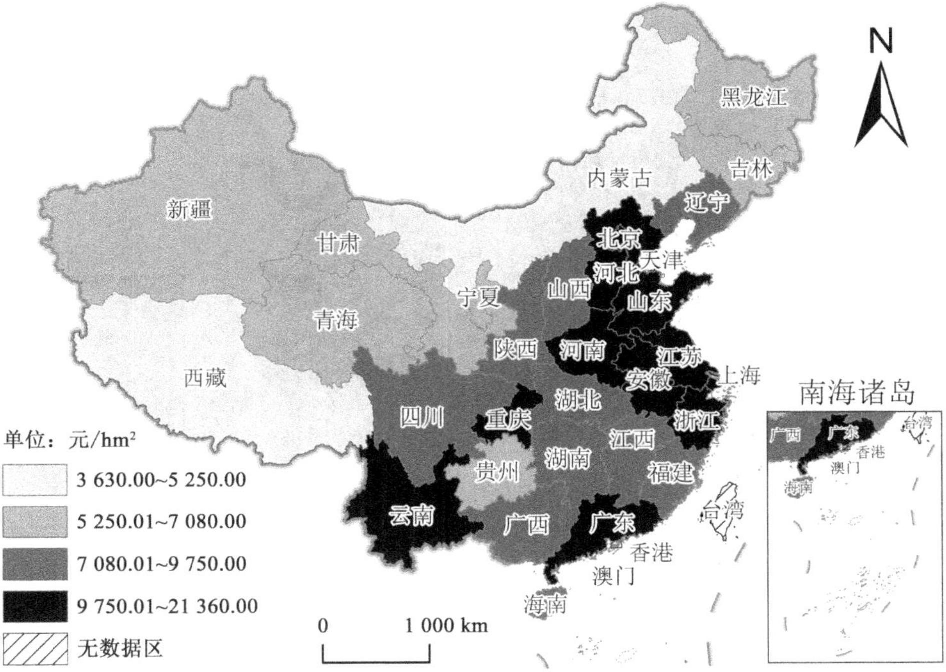

图 4-4 2017 年农地流转价格分布情况

为了进一步分析 2009—2017 年间各省农地流转价格的增值态势，本研究计算了各省 2009—2017 年农地流转价格的增值率，并在 ArcGIS10.1 中采用自然断点法分为 4 类（图 4-5）。从图 4-5 中可以看出，在 2009—2017 年期间，天津、河北、山东、安徽、重庆、云南 6 省（直辖市）增幅最大，平均增幅 103.14%。辽宁、河南、山西、陕西、宁夏、青海、福建、江西、湖南、广西 10 省(自治区)增幅其次,平均为 62.13%。北京、上海、黑龙江、吉林、甘肃、四川、湖北、江苏 8 省(直辖市)的农地流转价格也有明显增长,平均增长 40.98%。新疆、内蒙古、贵州、浙江、广东、海南 6 省(自治区)增幅相对较小,平均增幅为 16.13%。总体来看,我国中北部粮食主产区的农地流转价格增幅最为明显,同时我国中南、西南和西北部分省也出现了明显上涨,而西北内陆、东北地区以及东部沿海部分经济发达地区的增幅相对较小。

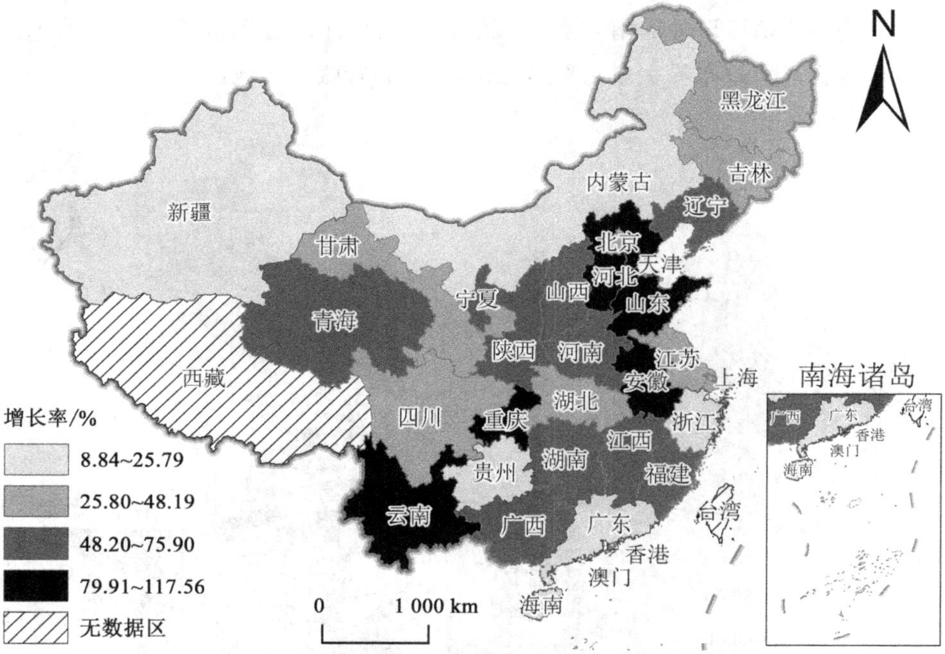

图 4-5　2009—2017 年各省(自治区、直辖市)农地流转价格增长率

第四节　我国农地流转价格的空间分化机制研究

一、指标构建

根据第二章的理论分析,农地流转价格是以其收益能力为基础的,而这种收益能力又主要受到农地自然条件和区位因素的综合影响。从理论上讲,自然条件主

要通过耕地质量和地形因素对农地流转价格产生影响。其中,农地质量状况通过光、热、水、土、气的组合决定土地自然生产率的高低,即直接作用于农作物产量,进而在很大水平上制约着农业生产的总收入水平。但总收入高并不等于农业生产的纯收益高,这是因为纯收益高低还会受到总成本的影响。通常来讲,种子、化肥、农药等生产资料市场近似于完全竞争市场,因此这些物资费用在一定时空范围内是相对稳定的,但由于各地地形条件的不同,导致农业综合机械化程度存在明显的区域差异,进而使得不同地区的人工成本差异明显。据《全国农产品成本收益资料汇编》显示,以山地为主的甘肃,其小麦生产的人工成本是以平原为主的江苏的 2.32 倍。因此,可以说地形因素在很大程度上决定了农业生产成本的高低。当然除了自然条件以外,农地所处区位因素也是影响农地流转价格的关键因素。根据区位理论,土地的区位不同,土地在社会经济条件中的作用也不同。区位因素对农地流转价格的影响主要体现在土地需求、市场距离和土地利用类型上。在土地需求方面,经济发达地区城镇化水平较高,人口与经济集聚,对农产品需求量大,进而拉动了农业经营主体对农地的需求。由于土地供给缺乏弹性,因此,土地需求在很大程度上决定了农地流转价格的高低。在市场距离方面,经济发达地区周边的农地,农业生产距市场近,农业生产的运输成本较低,而经济欠发达地区远离市场,运输成本相对较高,在市场价格既定的前提下,运输成本的上升就意味着利润的下降。其次,区位条件的不同,人类对土地开发利用的类型也不同,经济发达地区对果蔬、花卉等高附加值经济作物以及观光休闲农业需求量较大,从而导致经济发达地区的经济作物播种比例要明显高于经济欠发达地区。

基于理论分析,本研究从自然因素、区位因素 2 个维度的 6 方面构建农地流转价格影响因素指标体系(表 4-2),以探究全国层面农地流转价格时空演化的宏观机制。其中,耕地质量等别反映了长期稳定的光、温、水、土条件所决定的,以农地自然质量为主的土地差异[157],因此,耕地质量状况采用耕地质量等别数据表征。耕地质量等别共计 15 等,全国耕地按照 1～4 等、5～8 等、9～12 等、13～15 等划分为优等地、高等地、中等地和低等地[158, 159]。由此可知,耕地质量等别属于逆向指标,数值越大表示耕地质量越差。地形起伏度是反映一个区域地形特征的宏观性指标,因此,在地形条件方面选取各省平均地形起伏度作为表征。土地需求选取农地流转率来表征。鉴于本研究是以省为基本单元,市场距离难以直接量化,同时,考虑到市场距离在很大程度上取决于当地的经济发展水平,因此,考虑选取象征经济规模的GDP和象征经济效率的人均GDP来综合表征市场距离。在土地利用类型上，为避免普通经济作物（油料、棉麻等）对区位因素的干扰，本研究选取高附加值经济作物（蔬菜、瓜果等）占总播种比重来表示。

表4-2　农地流转价格影响因素指标体系

一级指标	具体指标	指标代码	单位	预期方向
农地自然因素	耕地质量等别	Quality	等	—
	地形起伏度	Terrain	%	—
农地区位因素	GDP	GDP	亿元	+
	人均GDP	PerGDP	元	+
	农地流转率	Transfer_rate	%	+
	经济作物播种比例	Cash_crop	%	+

二、空间耦合分析

为了探究农地流转价格在农地流转市场发育初期和农地流转市场发育相对成熟期的空间分化规律及内在机制。本研究基于前文构建的指标体系，综合应用SPSS19.0和OpenGeoDa软件分别探究了2009年、2017年各影响因子与农地流转价格之间的统计相关性和空间耦合性（表4-3）。从表4-3相关系数可以看出：无论是2009年还是2017年，农地流转价格与耕地质量等别均存在0.01水平上的显著负相关；与人均GDP、农地流转率、经济作物播种比例存在0.01水平上的显著正相关；与GDP存在0.05水平上的显著正相关；与地形起伏度呈现负向关系，但未通过显著性检验。通过探索性空间分析我们发现，农地流转价格具有显著的空间相关性，因而统计上显著相关的变量在空间上不一定就存在显著的耦合性。为此，本研究利用OpenGeoDa中的双变量莫兰指数工具来测度各变量与农地流转价格的空间耦合关系。从测算结果可以看出，在2009年，农地流转价格与耕地质量等别和地形起伏度均具有0.01水平上的负向耦合性；与人均GDP具有0.01水平上的正向耦合性；与GDP、农地流转率和经济作物播种比例具有0.05水平上的正向耦合性。到了2017年，农地流转价格与耕地质量等别和地形起伏度仍然存在显著的空间耦合关系，但区位因素的耦合显著性明显增强，所有区位因素均通过了0.01水平上的显著性检验。2009年双变量莫兰指数的绝对值排序为：人均GDP

(0.34)＞耕地质量等别(−0.25)＞农地流转率(0.22)＞经济作物播种比例(0.21)＞地形起伏度(−0.19)＞GDP(0.17)。2017年双变量莫兰指数的绝对值排序为：人均GDP(0.45)＞农地流转率(0.31)＞耕地质量等别(−0.263)＞GDP(0.262)＞经济作物播种比例(0.23)＞地形起伏度(−0.21)。总的来看，在全国层面，农地流转价格与区位因素的耦合性要大于自然因素；同时，从时间维度来看，在2009—2017年，耕地质量等别和地形起伏度与农地流转价格的双变量莫兰指数基本持平，但2017年大部分农地区位因素的双变量莫兰指数都较2009年明显增大，说明在2009—2017年区位因素与农地流转价格间的空间耦合性得到进一步增强。

表4-3　相关分析和空间耦合分析结果

因素	相关系数		双变量莫兰指数	
	2009年	2017年	2009年	2017年
Quality	−0.53**	−0.48**	−0.25**	−0.26**
Terrain	−0.22	−0.24	−0.19**	−0.21**
GDP	0.40*	0.37*	0.17*	0.26**
PerGDP	0.80**	0.81**	0.34**	0.45**
Transfer_rate	0.80**	0.66**	0.22*	0.31**
Cash_crop	0.61**	0.54**	0.21*	0.23**

注：** 表示0.01水平上显著，* 表示0.05水平上显著。

三、空间计量分析

虽然前文开展了各影响因素与农地流转价格之间的探索性空间分析，但这种统计和空间上的相关性是否具有确定性的定量关系还值得进一步讨论。考虑到部分变量之间具有显著的空间相关性，传统的回归模型不再适用，因此本研究采用空间计量模型进一步分析农地流转价格与影响因素之间的定量关系。目前，应用较普遍的空间计量模型包括空间滞后模型(SLM)和空间误差模型(SEM)，由于这两种模型具有各自的适应性，因此在开展空间计量分析前需对模型进行优选。优选参数除R^2以外，还有LogL、AIC、SC等指标。其中，LogL越大，AIC和SC值越小，模型拟合效果越好。从表4-4中可以看出，2009年，R^2(SLM)＞R^2(SEM)，LogL(SLM)＞LogL(SEM)，且AIC(SLM)＜AIC(SEM)，SC(SLM)＜SC(SEM)，因此，在 2009 年 SLM 的拟合精度更高；而 2017 年 R^2(SEM)＞R^2(SLM)，LogL(SEM)＞LogL(SLM)，且 AIC(SEM)＜AIC(SLM)，SC(SEM)＜SC(SLM)，因此，在 2017 年 SEM 的拟合精度更高。鉴于此，本研究分别选取 2009 年 SLM 和 2017 年 SEM 来分析农地流转价格空间分化机制，具体参数见表 4-5。

表 4-4　空间计量模型精度评价参数

模型	2009 年		2017 年	
	SLM	SEM	SLM	SEM
R^2	0.87	0.84	0.76	0.80
LogL	−249.31	−252.44	−269.33	−267.62
AIC	514.63	518.88	554.67	549.24
SC	525.84	528.69	565.88	559.05

表 4-5　空间计量分析结果

变量	2009 年空间滞后模型			2017 年空间误差模型		
	系数	标准差	*Z* 值	系数	标准差	*Z* 值
Constant	6 565.52***	1 680.47	3.91	7 059.80**	3 018.9	2.34
Quality	−287.22**	130.99	−2.19	−466.17*	241.46	−1.93
Terrain	−0.25	2.75	−0.09	−1.01	4.89	−0.21
GDP	0.00	0.03	−0.19	−0.04*	0.02	−1.86
PerGDP	0.08***	0.02	3.46	0.04*	0.02	1.61
Transfer_rate	81.28***	24.9	3.26	106.28***	36.15	2.94
Cash_crop	40.67**	20.39	1.99	85.50***	30.8	2.78
λ				0.60***	0.16	3.62
ρ	−0.34***	0.12	−2.77			

注：***，**，* 分别表示在 0.01、0.05 和 0.1 水平上显著。

从 2009 年的 SLM 可以看出：

(1)耕地质量等别的系数为负(−287.22)，并在 0.05 水平上显著，说明在农地流转市场发育早期，耕地质量等别对农地流转价格存在显著的负向影响。当耕地质量上升 1 个等别，会使每公顷农地流转价格上涨 287.22 元。由于各地区耕地质量存在差异，在同等投入的情况下，其产量和收益也会出现不同，耕地平均质量较高的地区因其具有较高的农业生产率而能获得更多超额利润，从而将这部分超额利润转化为级差地租Ⅰ，因此农地流转价格自然更高。

(2)地形起伏度的系数为负(－0.25)，未通过显著性检验，说明地形条件与农地流转价格存在负向关系，但这种负相关性在全国尺度上并不显著。笔者推测这可能与不同省份的农业发展类型有关。对于粮食主产省份，地形平坦地区适宜开展机耕、机播、机收等综合机械化作业，农业生产效率高；而地形起伏度大的地区，农机难以应用，不但人工成本高昂，而且难以实现规模经营，因而地形对粮食主产区的农地流转价格影响较大。而在非粮食主产区，农地流转以种植经济作物为主，而经济作物由于品种多样、标准化程度低、技术难度大等原因，其农业综合机械化率远低于粮食作物，除了部分地区的部分作物在平整土地、植保和灌溉环节可以使用通用机械作业外，其他生产环节，特别是劳动强度较大的播种、收获两大主要生产环节，大部分地区基本以人工作业为主，因而地形起伏度对农机应用的影响相对较小。由于我国近60%的省份为非粮食主产省，因此地形因素对农地流转价格的影响不显著。

(3)人均GDP(0.08)通过了0.01水平的显著性检验，证明在全国尺度上，市场距离确实对农地流转价格产生显著的正向影响。当人均GDP增加1元，会使每公顷农地流转价格上涨0.06元。具体而言，经济条件好的省份，农业生产距离消费市场近，交通运输成本较低，在相同种植类型下，经济效益更好，因而农地流转价格相对较高；而经济欠发达省份，由于自身农产品消费市场不足，大量农产品需要长途运输到经济发达地区出售，运输费用较高，在农产品价格一定的情况下，利润率就会下降，从而导致农地流转价格较低。

(4)农地流转率(81.28)通过了0.01水平的显著性检验，证明在全国尺度上，土地需求确实对农地流转价格产生显著的正向影响。当农地流转率上升1%时，会使每公顷农地流转价格上涨81.28元。实际上，在经济发达地区，人口稠密，区域城镇化水平较高，对各类农产品需求较大，加之经济发达地区新型农业经营主体发育比较充分，因而对农地的需求旺盛，在农地供给有限的情况下，流转价格自然就高；而在经济欠发达地区，一方面，大量劳动力外流，农地的供给相对充裕；另一方面，受经济发展水平和城镇化水平制约，农地的需求明显不足，因而农地流转价格较低。

(5)经济作物播种比例(40.67)通过了0.05水平的显著性检验,证明在全国尺度上,土地利用类型也对农地流转价格产生显著的正向影响。当经济作物播种比例增加1%,会使每公顷农地流转价格增加40.67元。相关研究表明,随着区域经济的发展,不仅对普通农产品的需求量大,而且对蔬菜、瓜果、花卉等经济作物的市场需求也大幅增加,因而区域经济条件好的地区,农地流转用于发展高效农业的比重较大,而流转用于经济作物的经济收益要普遍高于粮食作物,因而区位因素通过土地利用类型显著地影响农地流转价格。

从2017年的SEM可以看出:

(1)虽然耕地质量等别的系数(-466.17)方向与2009年一致,但显著性从0.05下降为0.1水平,表明随着各地农地流转市场的发展,农地质量因素对农地流转价格的作用力有所降低。

(2)地形起伏度的系数(-1.01)方向与2009年一致,同样未通过显著性检验。

(3)人均GDP(0.04)的系数为正,并在0.1水平上显著,说明区域经济条件对农地流转价格产生持续影响。同时,农地流转率(106.28)、经济作物播种比例(85.50)无论在回归系数还是显著性方面都比2009年有明显增强,说明随着农地流转市场的发展,区位因素对农地流转价格的影响进一步加大。值得说明的是,GDP的系数为负(-0.04),且通过了0.1水平的显著性检验,这既与理论逻辑相悖,也与前面耦合性分析不符,推测可能是由于GDP和人均GDP之间存在一定共性关系导致的。实际上,当将GDP单独引入模型时,GDP系数为正,与理论判断一致。

第五节　本章小结

本章基于2009年和2017年两期全国农地流转价格数据,综合应用描述性统计分析、探索性数据分析法以及空间计量模型分析了全国农地流转价格时空演化及其空间分化的宏观机制。主要结论如下。

(1)从全国的描述性统计来看,2017年全国农地流转价格较2009年整体上涨52.32%,说明我国农地流转价格在2009—2017年有较为明显的上涨;变异系数从0.44下降到0.40,说明各地区农地流转价格差异在缩小;2009年的偏度系数(2.20)明显大于2017年的(1.74),表明2009年农地流转市场的两级分化更严重。

(2)从全国空间格局来看,我国农地流转价格在东西方向上呈现出“自东向西递减”的态势,在南北方向上,2009 年呈现“南高北低”的态势,而 2017 年呈现出“中部高,南北低”的倒 U 形分布格局。莫兰指数在 2009—2017 期间显著增大,表明我国农地流转价格的区域相关性不断增强,省域间存在显著的空间溢出效应。

(3)从局部空间格局来看,2009 年我国农地流转价格的高值区和次高值区集中分布在首都、长三角和珠三角地区,整个农地流转价格分布呈现出“金字塔”结构;而 2017 年,高值区和次高值区明显增多,农地流转价格分布呈现出“倒金字塔”结构。农地流转价格增长率在空间上存在明显的差异性,总体而言,我国中北部粮食主产区的农地流转价格上涨幅度最为明显,同时中南地区,西南和西北部分省份也出现明显上涨,而西北腹地、东南沿海及东北地区增幅相对较小。值得注意的是,中国粮食主产区涨幅普遍高于非粮食主产区。

(4)空间分化机制分析表明,我国农地流转价格的空间分化受农地质量条件和区位因素共同制约,且随着农地流转市场的发展,区位因素的作用在强化,而农地质量条件的影响存在弱化趋势。具体而言,通过空间耦合分析发现,农地流转价格与区位因素的耦合性总体大于自然因素,且随着时间推移区位因素的耦合性进一步增强。空间计量分析结果显示,在中国农地流转市场发育初期,耕地质量条件和农地区位因素均显著地影响农地流转价格,但随着农地流转市场的发展,自然因素对农地流转价格的影响相对减弱,而农地区位因素得到进一步加强。值得注意的是,农地区位因素对农地流转价格的影响集中表现在农地流转率和经济作物播种比例上,反映出农地需求和非粮化趋势对农地流转价格的影响愈发明显。

第五章　我国农地流转价格的结构分化特征及机制分析

社会学中一般从“功能”和“主体”两个维度对社会结构分化开展研究。借用这一分析维度，本章主要利用河北、江苏、安徽、山东、河南 5 省 3 136 份实地调研数据对农地流转价格的结构分化特征及形成原因进行分析。首先，对数据来源、研究区选择及研究区农地流转概况作简要交代。其次，分别从“流转用途”和“流转主体”两方面探讨农地流转价格的结构分化特征，在此基础上，采用有序多分类 Logistic 回归模型和边际效应模型对农地流转价格结构分化进行统计检验，揭示“用途”和“主体”分化与农地流转价格之间的定量关系。最后，通过分析农地流转价格与流转经营收益的关系，揭示结构分化的形成机制。需要说明的是，为了全面揭示农地流转价格结构分化特征及形成机制，并客观反映当前农地流转中存在的“非农化”现象，本章将 5 省调研样本中的非农流转样本一并纳入到结构分析框架中。

第一节　数据来源与样本基本情况分析

一、数据来源与调研过程

本章分析所用到的数据均来自实地调研，该数据由国土资源部发函调研和中国土地政策与法律研究中心实地调研两部分构成。由于这两部分数据来源与第四章相同，不再赘述。需要说明的是，虽然两部分数据均为入户调研数据，但调查内容却存在很大差异。国土资源部设计的调研问卷包括农地类型、流转面积、流转时间、流转期限、流转用途、流转价格、流转前成本收益和流转后成本收益 8 项具体内容。而中国土地政策与法律研究中心调查问卷由村级问卷和农户问卷构成。其中，村级问卷涉及村基本情况、人口和社会情况、农地流转与利用情况 3 个方面 28 项具体内容；农户问卷涉及农户家庭基本情况、农地利用与经营情况、农地流转情况、农业成本收益情况 4 个方面 86 项具体内容。由此可见，中国土地政策与法律研究中心的调研内容更加全面，数据结构也更为复杂。

在调研过程中，国土资源部发函调研数据，由中国土地估价师与土地登记代理人协会和国土资源部农用地质量与监控重点实验室负责指导各地估价机构开展调研，且调研员均为具有专业资质的土地估价师构成，因此，调研数据质量较高。中国土地政策与法律研究中心组织的全国调研，主要由在校大学生组成。为保证调研数据质量，在组织大学生开展调研之前，中国土地政策与法律研究中心于 2017 年 7 月上旬分批次组织调研员进行调研技能培训，并向每名调研员配发农户调研指南。此外，中国土地政策与法律研究中心还成立专门的业务咨询小组，通过微信群及时跟踪调研进度，把控数据质量，收集调研员在实际调研过程中遇到的各类问题，并将共性问题及时在微信群和百度云盘上予以解答，从而有效地保障了整个调研工作的高质量推进。

二、研究区选择

由于我国幅员辽阔，地域差异大，不同省份间种植制度和复种类型不尽相同，若将全部样本进行汇总分析，势必会降低样本的效度和信度，并对分析结果形成干扰；若进行分区研究，部分省份的调查样本量和样本覆盖度又明显偏小，特别是课题组的详细调研问卷严重不足，难以支撑不同区域农地流转价格的结构分化研究。鉴于此，本研究在征集同行专家意见基础上，按照农业生产典型性强、样本数量充足、种植制度与复种类型基本一致以及地域上相邻的原则，选取河北、江苏、安徽、山东、河南 5 省为研究区，对我国农地流转价格结构分化开展研究。这 5 省均位于黄淮海平原，是我国重要的粮食主产区，2017 年粮食生产量占全国 35.31%。该区域种植制度以小麦、玉米为主，复种类型为一年两熟。国土资源部和中国土地政策与法律研究中心在该区域的调研样本覆盖 71 个地级市的 445 个区县，占该区域区县数量的 67%。实地调研样本总量为 3 504 份，其中，前者调研样本为 2 928 份，后者调研样本为 576 份。为了保证样本分析质量，本研究将数据不完整的样本及价格过低或过高的样本(流转价格<1 500 元/hm^2 或流转价格>45 000 元/hm^2)予以剔除,剩余有效样本 3 136 个,样本有效率为 89.50%。样本分布情况如表 5-1 所示。

表 5-1 研究区调研样本分布情况 个

省份	地级市数量	区县数量	国土资源部调查样本量	CLPL调研样本量	样本总量	有效样本量	样本有效率
河北	11	140	951	177	1 128	1 015	89.98%
江苏	13	69	337	0	337	292	86.65%
安徽	16	86	419	58	477	454	95.18%
山东	14	33	310	254	564	533	94.50%
河南	17	117	911	87	998	842	84.37%
合计	71	445	2 928	576	3 504	3 136	89.50%

注:CLPL 为中国土地政策与法律研究中心(Center for Land Policy and Law)的简称。

三、调研样本基本情况分析

本小节利用实地调研样本从农地流转方式、流转面积、流转期限、流转用途、流转对象和流转价格 6 个方面对研究区农地流转情况进行总体分析。由于国土资源部的调研样本只涉及流转面积、流转期限、流转用途、流转价格 4 方面信息,因此,流转方式和流转对象 2 方面主要采用中国土地政策与法律研究中心的 576 个调查样本进行分析。

(一)农地流转方式的基本情况

根据图 5-1 的统计情况可知,研究区农地流转方式以转包和出租为主,合计占比 94.09%,说明转包和出租是当时农地流转的主要形式。其中转包最多,有 273 户,占比 48.93%;其次是出租,有 252 户,占比 45.16%;再次是其他(13 户)、托管(9 户)和入股(8 户),分别占比 2.33%、1.61%和 1.43%;以合伙经营方式流转的数量最少,仅有 3 户,占比 0.54%。

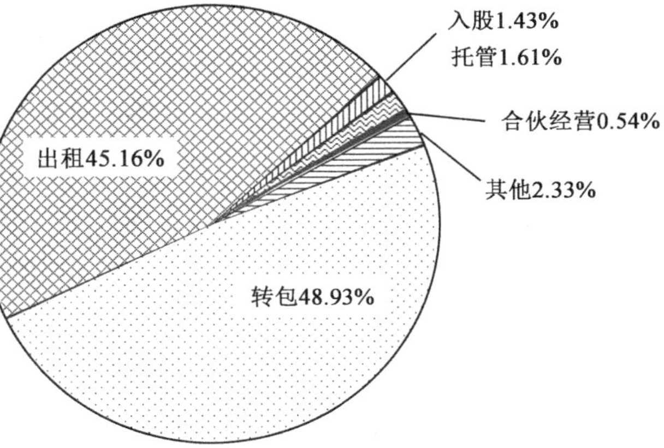

图 5-1 不同农地流转方式的占比情况

(二)农地流转面积的基本情况

根据表 5-2 的统计情况可知,5 省农地流转面积最大值为 226.67 hm^2,超出北方适度规模经营面积 28.33 倍[①];最小值仅为 0.01 hm^2;平均值为 12.95 hm^2,也超出北方适度规模经营面积 1.62 倍;中位数为 0.76 hm^2,中位数远小于平均值,说明研究区存在部分超大规模流转主体,极大地拉高了整体平均数;变异系数为 2.29,表明该区域农地流转面积具有强变异性,两极分化较大。从 5 省农地流转面积的中位数排序来看,安徽(8.16)>江苏(4.00)>河南(1.53)>河北(0.40)>山东(0.33),说明黄淮海平原南部省份的农地流转规模总体高于北部省份。

表 5-2 研究区农地流转面积的描述性统计 hm^2

省份	样本量/个	平均值	最大值	最小值	中位数	标准差	变异系数
河北	1 012	6.92	200.00	0.01	0.40	20.37	2.94
江苏	290	11.10	167.69	0.08	4.00	21.02	1.89
安徽	452	23.46	200.00	0.01	8.16	35.55	1.52
山东	532	4.75	200.00	0.01	0.33	16.52	3.48
河南	841	15.26	226.67	0.03	1.53	30.95	2.03
合计	3 127	11.58	226.67	0.01	0.76	26.46	2.29

注:有 9 个样本的流转面积数据缺失。

① 据国务院发展研究中心农村经济研究部部长叶兴庆研究发现,北方适度规模面积在 100~120 亩,南方适度规模面积在 60~70 亩。

为了进一步了解农地流转规模的分布规律，我们对不同用途的农地流转面积进行了统计，如表 5-3 所示。从表中可以看出，不同流转用途的流转面积存在明显差异，从流转面积均值排序来看，粮食作物（13.52）＞经济作物（11.00）＞养殖用途（0.53）＞非农用途（0.13），说明粮食作物和经济作物的流转规模要远大于养殖用途和非农用途。同时，我们也发现，粮食作物和经济作物的流转规模无论在最大值、最小值、平均值和中位数，乃至变异系数方面均存在高度相似性，说明在目前的农地流转中，经济作物的流转规模与粮食作物差异不大。流转面积最小的是非农用途，其流转面积最大值为 0.53 hm^2，规模远小于其他 3 类，这可能与非农产业自身用地规模及我国土地用途管制密切相关。从不同用途的变异系数来看，除非农用途的变异系数小于 1 外，其他 3 类用途的变异系数均大于 1，说明非农用途的规模在不同流转主体间变化相对较小，而粮食作物、经济作物和养殖用途在不同流转主体间的变化较大。

表 5-3　不同流转用途的流转面积描述性统计　　hm^2

流转用途	样本量/个	平均值	最大值	最小值	中位数	标准差	变异系数
粮食作物	1 627	13.52	209.95	0.02	1.00	29.39	2.17
经济作物	1 285	11.00	226.67	0.01	1.00	24.18	2.20
养殖用途	113	0.53	4.67	0.02	0.33	0.68	1.28
非农用途	102	0.13	0.53	0.01	0.10	0.09	0.73
总计	3 127	11.58	226.67	0.01	0.76	26.46	2.29

（三）农地流转期限的基本情况

根据表 5-4 的统计情况可知，研究区农地流转期限的最大值为 70 年，最小值为 1 年，平均值为 9.89 年。从 5 省的平均流转期限来看，除河南平均流转期限超过 10 年外，其余 4 省的平均流转期限差异不大，均位于 5～10 年。从变异系数来看，5 省的流转期限均为中等变异性。我们以 5 年为单位，对样本进行分组统计，结果如图 5-2 所示。从图中可知，当前农地流转以 15 年内为主，共计占比 76.25%，超过总样本 3/4；同时我们也发现，大于 5 年的中长期流转占比较大，占比接近 80.00%，说明当前农地流转具有中长期倾向。

表 5-4 研究区农地流转期限的描述性统计 年

地区	样本量/个	平均值	最大值	最小值	中位数	标准差	变异系数
河北	1 013	10.02	50	1	10	8.06	0.80
江苏	291	7.93	30	1	6	5.78	0.73
安徽	454	8.45	30	1	7	6.11	0.72
山东	532	9.77	40	1	6	8.60	0.88
河南	840	11.29	70	1	10	8.96	0.79
总计	3 130	9.89	70	1	10	8.04	0.81

注:(1)有 6 个样本的流转期限为"永久"或"长期",由于期限不定,因此未纳入此表统计;(2)虽然《农村土地承包法》规定流转的期限不得超过承包期的剩余期限,但实践中确实存在流转期限超过剩余期限的行为。

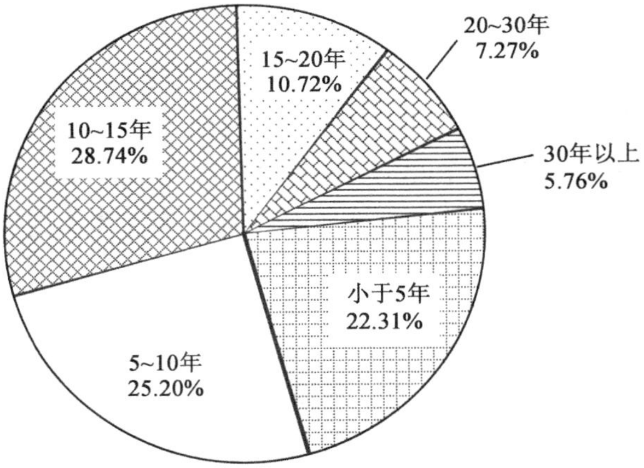

图 5-2 不同流转年期的占比情况

为了进一步探究农地流转期限的分布规律,我们统计了不同流转用途的流转期限情况,如表 5-5 所示。从表中可以看出,不同流转用途的流转期限存在显著差异,无论是平均值还是中位数均呈现出非农用途>养殖用途>经济作物>粮食作物的趋势,说明非粮用途和非农用途的流转主体更倾向于长期流转。这可能与"非粮化"和"非农化"过程中流转主体对农地的资本投入有关。通常,流转主体在大规模流转农地后,为提高农业生产效率,都会或多或少地加大土地资本投入,对原有农地的基础设施进行改造,特别是在养殖用途和非农用途中,这种土地资本投入会远超种植业。转入方为收回前期固定资产投资,并尽可能长地获得土地追加投资所产生的超额利润,通常会在签订流转合同时约定更长的流转期限。

表 5-5　不同流转用途的流转期限的描述性统计　　年

流转用途	样本量/个	平均值	最大值	最小值	中位数	标准差	变异系数
粮食作物	1 627	8.04	70	1	5	6.95	0.86
经济作物	1 287	11.14	50	1	10	8.31	0.75
养殖用途	114	13.90	40	1	14.5	8.25	0.59
非农用途	102	19.69	50	3	20	9.42	0.48
总计	3 130	9.89	70	1	10	8.04	0.81

(四)农地流转用途的基本情况

从图 5-3 可知,研究区农地流转用于种粮的样本最多(1 627 个),占比 51.98%;其次是经济作物(1 287 个),占比 41.12%;再次是养殖用途(114 个),占比 3.64%;非农用途占比最小(102 个),为 3.25%。总的来看,非粮用途和非农用途占比合计约占总样本的 50%,表明当前农地流转存在着明显的“非粮化”和“非农化”趋势。

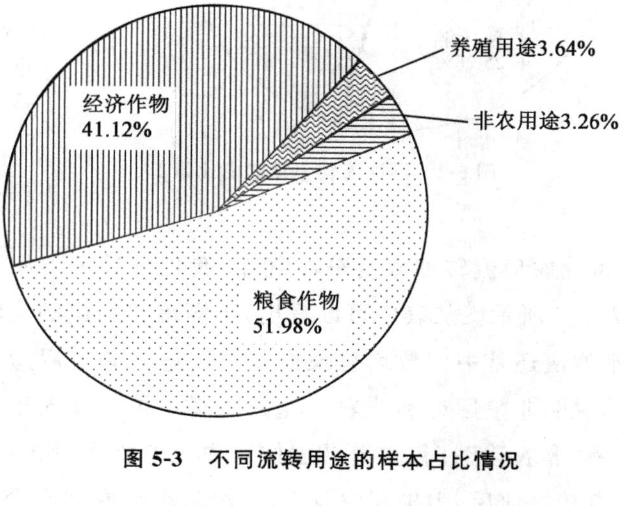

图 5-3　不同流转用途的样本占比情况

(五)农地流转对象的基本情况

从图 5-4 的统计情况可知，研究区流转对象以普通农户为主，有 250 个，占比 44.56%；其次是专业大户(126 个)和农业企业(122 个)，两者分别占比 22.46%和 21.75%；合作社占比相对较低，有 63 个，占比 11.23%。总的来看，当前农地流转中，新型农业经营主体流转占比过半，共计占比 55.44%。

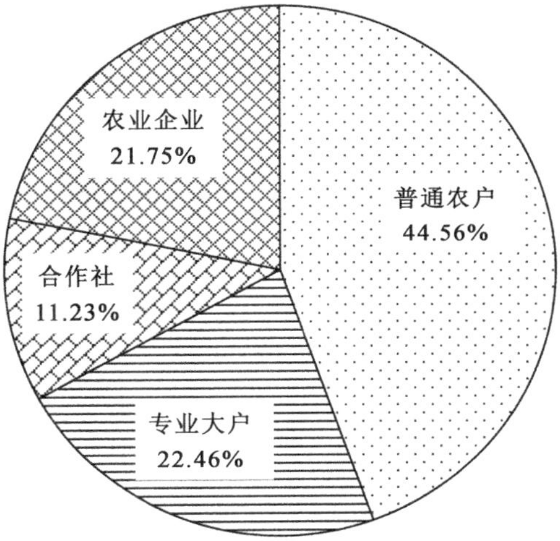

图 5-4　研究区流转对象分布情况

(六)农地流转价格的基本情况

为宏观掌握研究区农地流转价格的总体情况，我们利用 SPSS19.0 对 5 省农地流转价格进行了描述性统计(表 5-6)，并按 3 000 元/hm^2 的组距绘制了农地流转价格直方图(图 5-5)。根据表 5-6 和图 5-5 的统计情况可知，研究区的农地流转价格的偏度系数为 1.67，呈现右偏态分布，说明样本中存在少数高值样本，使曲线右侧尾部拖得很长。峰度系数为 6.01，明显大于 3.00，说明样本呈尖顶峰度。从图中可以看出，研究区农地流转价格高度集中在(9 000，12 000]和(12 000，15 000]这两个区间内，合计占比 44.64%。从表 5-6 我们可以看出，研究区农地流转价格均值为 11 487.96 元/hm^2，最大值为 45 000.00 元/hm^2，最小值为 1 500.00 元/hm^2，中位数为 11 100.00 元/hm^2，变异系数为 0.50，说明该区域农地流转价格呈中等变异特征。从 5 省农地流转价格均值来看，除安徽省均值略低外，其余 4 省的平均值均接近 12 000 元/hm²，表明研究区的农地流转价水平总体比较接近。

表 5-6　研究区农地流转价格描述性统计　　元/hm²

地区	样本量/个	平均值	最大值	最小值	中位数	标准差	变异系数
河北	1 015	11 974.85	45 000.00	1 500.00	12 000.00	6 313.07	0.53
江苏	292	12 547.38	31 500.00	2 250.00	12 000.00	3 983.46	0.32
安徽	454	9 380.24	45 000.00	1 500.00	9 000.00	3 858.09	0.41
山东	533	11 978.79	45 000.00	1 500.00	11 250.00	7 395.50	0.62
河南	842	11 359.38	37 500.00	1 500.00	12 000.00	4 843.05	0.43
合计	3 136	11 487.96	45 000.00	1 500.00	11 100.00	5 740.91	0.50

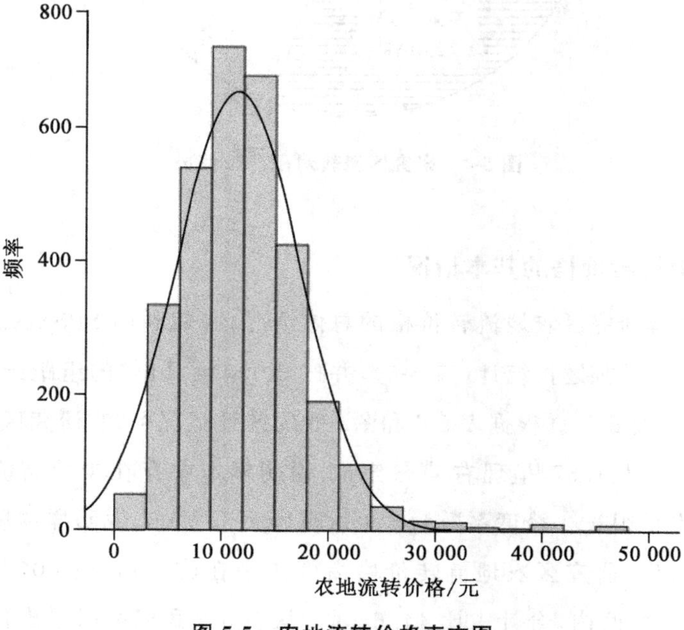

图 5-5　农地流转价格直方图

第二节　不同流转用途的农地流转价格分化特征

一、不同流转用途的价格分布特征

首先，我们根据调研样本情况，按用途的不同将其划分为粮食作物、经济作物、养殖用途和非农用途 4 大类。为便于分析，我们将果树、花卉、苗圃、药材、烟草、棉花、油料均合并为经济作物；将家畜养殖、家禽养殖、水产养殖均合并为养殖用途；将建厂、仓库、旅游观光等用途均合并为非农用途。其次，以 3 000 元为组距将样本分为 15 组，分别统计各组频率和占比情况（表 5-7）。最后，根据分组情况分别绘制各类用途的流转价格直方图。

表 5-7　不同流转用途的价格分布频率

价格区间/（元/hm^2）	粮食作物		经济作物		养殖用途		非农用途	
	频率	占比/%	频率	占比/%	频率	占比/%	频率	占比/%
[1 500,3 000)	35	2.15	18	1.40				
[3 000,6 000)	233	14.30	99	7.67	2	1.75		
[6 000,9 000)	374	22.95	162	12.56	4	3.51		
[9 000,12 000)	522	32.02	188	14.57	12	10.54		
[12 000,15 000)	403	24.72	260	20.16	11	9.65	4	3.92
[15 000,18 000)	62	3.80	329	25.50	27	23.68	7	6.87
[18 000,21 000)	1	0.06	156	12.09	24	21.05	10	9.80
[21 000,24 000)			61	4.73	17	14.91	20	19.61
[24 000,27 000)			10	0.78	9	7.89	17	16.67
[27 000,30 000)			3	0.23	3	2.63	9	8.82
[30 000,33 000)			4	0.31	5	4.39	4	3.92
[33 000,36 000)							6	5.89
[36 000,39 000)							4	3.92
[39 000,42 000)							11	10.78
[42 000,45 000]							10	9.80

(一)粮食作物的流转价格分布情况

从粮食作物流转价格的频率统计情况来看,粮食作物流转价格的偏度为−0.35,峰度为−0.54,其直方图略微呈左偏态分布。从表5-7和图5-6可知,粮食作物的流转价格集中分布在[6 000,9 000)、[9 000,12 000)、[12 000,15 000)3个区间内,3者分别占比22.95%、32.02%和24.72%,合计占比79.69%,即接近80.00%的流转价格集中在[6 000,15 000)区间内。低于6 000元/hm^2的样本呈逐渐下降趋势,共计占比16.45%;高于15 000元/hm^2的样本占比迅速下降,仅占3.86%。

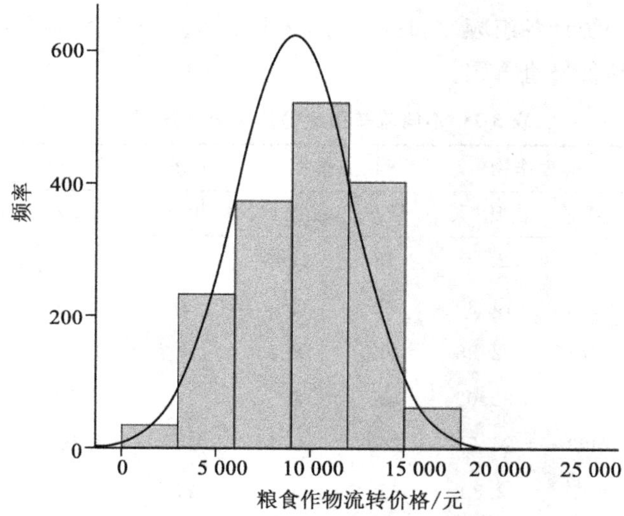

图5-6 粮食作物流转价格直方图

(二)经济作物的流转价格分布情况

从经济作物流转价格的频率统计情况来看,经济作物流转价格的偏度为0.10,峰度为−0.06,其直方图总体呈正态分布。从表5-7和图5-7可知,经济作物的流转价格集中分布在[9 000,12 000)、[12 000,15 000)、[15 000,18 000)3个区间内,三者分别占比14.57%、20.16%和25.50%,合计占比60.23%,即超过60.00%的流转价格集中在[9 000,18 000)区间内。低于9 000元/hm^2的样本呈逐渐下降趋势,共计占比21.63%;高于18 000元/hm^2的样本占比亦呈逐渐下降趋势,合计占比18.14%。

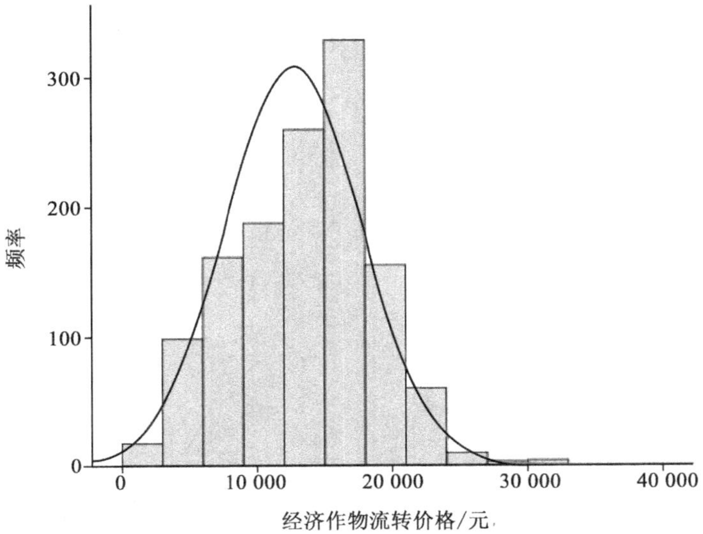

图 5-7　经济作物流转价格直方图

(三)养殖用途的流转价格分布情况

从养殖用途流转价格的频率统计情况来看，养殖用途流转价格的偏度为0.16，峰度为－0.25，其直方图总体呈正态分布。从表 5-7 和图 5-8 可知，养殖用途的流转价格主要分布在[15 000，18 000)、[18 000，21 000)、[21 000，24 000)3 个区间内，三者分别占比 23.68%、21.05%和 14.91%，合计占比 59.65%，即接近60.00%的流转价格集中在[15 000，24 000)区间内。低于 15 000 元/hm^2 的样本占比逐渐下降，共计占比 25.45%；高于 24 000 元/hm^2 的样本占比亦逐渐减小，共计占比 14.91%。

(四)非农用途的流转价格分布情况

从非农用途流转价格的频率统计情况来看，非农用途流转价格的偏度为0.48，峰度为－0.86，其直方图具有双峰分布特征，总体呈右偏态分布。从表 5-7和图 5-9 可知，非农用途的流转价格主要分布在[15 000，18 000)、[18 000，21 000)、[21 000，24 000)、[24 000，27 000)、[27 000，30 000)5 个区间内，五者分别占比6.87%、9.80%、19.61%、16.67%和 8.82%，合计占比 61.77%，即超过 60.00%的流转价格集中在[15 000，30 000)区间内。低于 15 000 元/hm^2 的样本占比很小，仅占3.92%；高于 30 000 元/hm^2 的样本占比呈现波动下降态势，共计占比 34.31%。

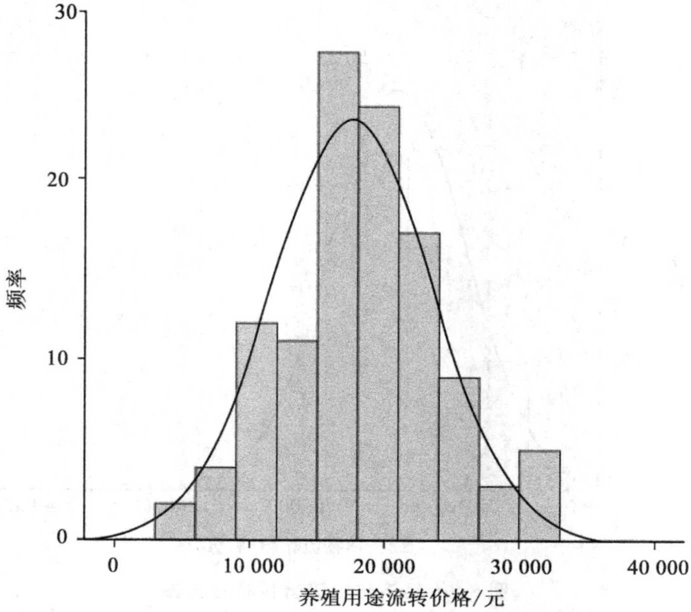

图 5-8　养殖用途流转价格直方图

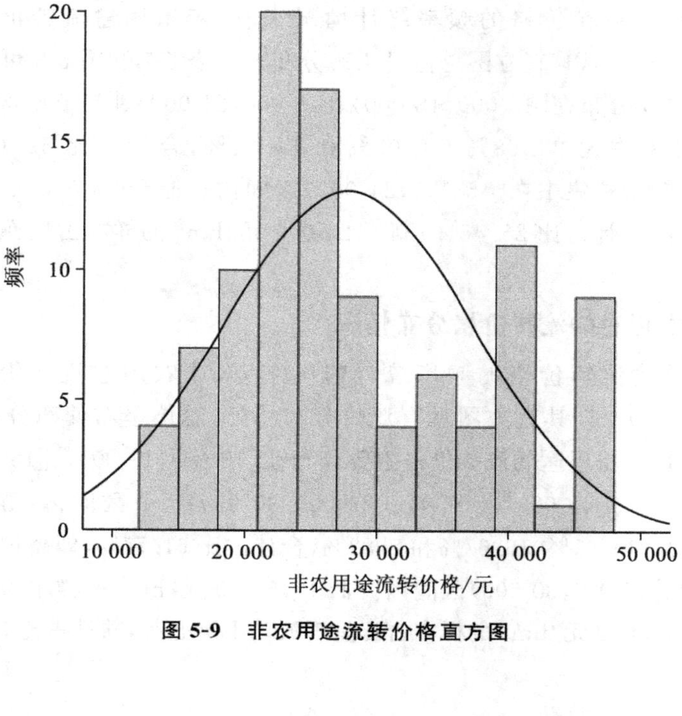

图 5-9　非农用途流转价格直方图

二、不同流转用途的价格差异分析

上一节对不同流转用途的价格分布情况进行了分析，本节将进一步讨论不同流转用途的价格差异情况。为此，我们利用 SPSS19.0 对 4 种流转用途的样本价格进行描述性统计分析，结果如表 5-8 所示。

表 5-8 不同用途流转价格的描述性统计结果

流转用途	样本量/个	平均值/（元/hm^2）	最大值/（元/hm^2）	最小值/（元/hm^2）	中位数/（元/hm^2）	标准差	变异系数
粮食作物	1 630	9 091.98	18 000.00	1 500.00	9 307.50	3 129.77	0.34
经济作物	1 290	12 696.90	31 500.00	1 500.00	12 750.00	5 001.40	0.39
养殖用途	114	17 498.82	31 500.00	3 375.00	18 000.00	5 882.84	0.34
非农用途	102	27 768.97	45 000.00	12 000.00	26 250.00	9 341.75	0.34

从表 5-8 中我们可以看出：①从 4 类流转用途的均值排序来看，呈现出明显的非农用途（27 768.97）＞养殖用途（17 498.82）＞经济作物（12 696.90）＞粮食作物（9 091.98）的趋势。其中，非农用途的均值是养殖用途的 1.59 倍，是经济作物的 2.19 倍，是粮食作物的 3.05 倍；养殖用途是经济作物的 1.38 倍，是粮食作物的 1.93 倍；而经济作物则为粮食作物的 1.40 倍。②从 4 类流转用途的最大值排序来看，非农用途（45 000.00）＞养殖用途（31 500.00）＝经济作物（31 500.00）＞粮食作物（18 000.00），说明粮食作物的最大值明显小于非粮用途和非农用途，仅为非粮用途的 57.14%，为非农用途的 40%。③从 4 类流转用途的最小值排序来看，非农用途（12 000.00）＞养殖用途（3 375.00）＞经济作物（1 500.00）＝粮食作物（1 500.00），其中养殖用途的最小值是经济作物和粮食作物的 2.25 倍，而非农用途的最小值是经济作物和粮食作物的 8 倍，是养殖用途的 3.56 倍。④从 4 类流转用途的中位数排序来看，其顺序与均值相同，其数值也与均值大致接近，说明 4 类流转用途的样本总体呈正态分布，不同用途的均值差异并非由少数极大值导致的，而是具有相对稳定性。⑤从 4 类流转用途的变异系数来看，数据差异不大，且均呈现中等变异性。

三、不同流转用途间价格分化的统计检验

虽然描述性统计分析揭示了不同流转用途之间的价格差异，我们仍想知道流

转用途分化与农地流转价格之间的定量关系。通过对变量结构观察，我们可以发现，农地流转价格和流转用途均为离散数据。目前，在分析离散变量时，较理想的研究方法是采用概率模型。常见的概率模型包括 Logistic 模型和 Probit 模型。由于 Probit 更多用于二分变量，而在本研究中因变量（农地流转价格）的离散值划分多于两类，因此本研究选择有序多分类 Logistic 回归模型（Ordinal Logit Regression Model，OLRM）进行回归分析，可更准确客观地描述流转用途与农地流转价格之间的定量关系。有关有序多分类 Logistic 回归模型的基本原理和基本公式可参考文献[160, 161]，不再赘述。在进行有序多分类 Logistic 回归分析前，我们先将因变量农地流转价格以 7 500 元/hm^2 为组距分为 6 组，并按[1 500,7 500]＝1，(7 500,15 000]＝2，(15 000,22 500]＝3，(22 500,30 000]＝4，(30 000,37 500]＝5，(37 500,45 000]＝6 进行有序等级编码；同时将自变量流转用途按粮食作物＝1，经济作物＝2，养殖用途＝3，非农用途＝4 进行编码。在完成编码后，我们应用 Stata12.0 编程对截面数据进行有序多分类 Logistic 回归分析，最终得到分析数据的模型估计（表 5-9）。

表 5-9　不同流转用途有序多分类 Logistic 模型估计结果

变量	系数	标准差	Z 值	P 值	95％置信区间	
					下限	上限
经济作物	1.29	0.08	15.63	0.00	1.13	1.45
养殖用途	3.24	0.20	15.92	0.00	2.84	3.63
非农用途	5.96	0.26	23.10	0.00	5.45	6.47
/cut1	−0.43	0.05	−0.52	−0.33		
/cut2	2.85	0.08	2.69	3.00		
/cut3	5.38	0.17	5.05	5.71		
/cut4	6.96	0.25	6.48	7.44		
/cut5	7.57	0.29	7.00	8.13		
LR chi2	900.65					
Prob>chi2	0.00					
Pseudo R^2	0.14					

注：Logistic 回归以粮食作物为参照组，因而无粮食作物的回归系数。

从有序多分类 Logistic 统计结果来看，LR chi2 为 900.65，显著水平均为 0.00<0.01，说明模型具有统计学意义。Logistic 回归的伪决定系数（Pseudo R^2）一般不高，根据经验判断，在微观变量分析中，Pseudo R^2 在 0.1 以上表示拟合精度可接受，本研究中 Pseudo R^2 为 0.14，表明模型估计结果总体较为理想。根据表 5-9 可知，(1)经济作物、养殖用途和非农用途均通过了 0.01 水平的统计检验，表明不同流转用途对农地流转价格分化产生了显著影响；(2)经济作物、养殖用途和非农用途的回归系数为正，表明非粮用途和非农用途较种粮用途的流转价格有显著提高；(3)从回归系数的排序来看：非农用途（5.96）>养殖用途（3.24）>经济作物（1.29），说明农地流转价格具有“粮食作物→经济作物→养殖用途→非农用途”不断升高的分化趋势。

为了从整体上分析流转用途变化对农地流转价格的影响，我们在 Stata12.0 中分别将自变量按分类变量（模型 1）和连续变量（模型 2）测算了不同流转用途的边际效应，两个模型均以粮食作物为参照组，其计算结果如表 5-10 所示。

(1)从模型 1 估算结果来看：①变量均满足 0.01 水平上的统计检验，说明各流转用途对农地流转价格产生了显著的边际影响。②从经济作物的边际效应来看，相比种粮用途，其价格落入[1 500，7 500]的概率降低 24.22%，而在（7 500，15 000]和（15 000，22 500]区间的概率分别增加 12.34%和 10.70%，但在>22 500 元/hm^2 区间，其分布概率迅速降低。③从养殖用途的边际效应来看，相比种粮用途，其价格落入[1 500，7 500]和（7 500，15 000]的概率分别降低 37.00%和 17.13%，而在（15 000，22 500]和（22 500，30 000]区间的概率分别增加 44.12%和 7.76%，但在>30 000 元/hm^2 区间，其分布概率迅速收敛。④从非农用途的边际效应来看，相比种粮用途，其价格落入[1 500，7 500]和（7 500，15 000]的概率进一步降低，分别为－39.34%和 50.92%，而在（15 000，22 500]、（22 500，30 000]、（30 000，37 500]、（37 500，45 000]区间的概率分别增加 26.65%、36.84%、10.11%、16.65%，且未呈现出明显的收敛趋势，说明非农用途的流转价格在高值区具有离散特征。

(2)从模型 2 估算结果来看：各区间的边际系数亦通过了 0.01 水平上的统计检验，说明非粮/非农用途对农地流转价格产生了显著的边际影响。当农地流转用于非粮和非农用途时，其价格落入[1 500，7 500]的概率降低 27.91%，而在（7 500，15 000]和（15 000，22 500]区间的概率分别增加 11.13%和 14.49%，但在>22 500

元/hm^2 区间，其分布概率迅速降低，其落在(22 500，30 000]、(30 000，37 500]和(37 500，45 000]区间的概率分别为 1.69%、0.26%和 0.35%。

表 5-10　不同流转用途对农地流转价格的边际效应

价格区间/(元/hm^2)	模型 1			模型 2
	经济作物	养殖用途	非农用途	非粮/非农用途
[1 500，7 500]	−24.22**	−37.00**	−39.34**	−27.91**
[7 500，15 000]	12.34**	−17.13**	−50.92**	11.13**
[15 000，22 500]	10.70**	44.12**	26.65**	14.49**
[22 500，30 000]	0.93**	7.76**	36.84**	1.69**
[30 000，37 500]	0.11**	1.01**	10.11**	0.26**
[37 500，45 000]	0.14**	1.25**	16.65**	0.35**

注：(1)在模型 1 中粮食作物为参照组，因而无粮食作物的边际系数；(2) ** 表示在 0.01 水平上显著。

第三节　不同流转主体的农地流转价格分化特征

首先，我们根据调研样本情况，按主体的不同将其划分为普通农户、专业大户/家庭农场①、合作社和农业企业四大类。其次，以 3 000 元为组距将样本分为 15 组，分别统计各组频率和占比情况(表 5-11)。最后，根据分组情况分别绘制各类主体的流转价格直方图。

表 5-11　不同流转主体的价格分布频率

价格区间/(元/hm^2)	普通农户		专业大户		合作社		农业企业	
	频率	占比/%	频率	占比/%	频率	占比/%	频率	占比/%
[1 500，3 000]	26	10.40	2	1.59	1	1.59	2	1.64
[3 000，6 000]	74	29.60	15	11.91	2	3.17	8	6.56
[6 000，9 000]	68	27.20	11	8.73	10	15.88	4	3.28
[9 000，12 000]	39	15.60	28	22.22	3	4.76	29	23.77
[12 000，15 000]	28	11.20	51	40.48	6	9.52	11	9.02

① 专业大户与家庭农场的区别在于是否进行了工商注册，两者在本质上没有区别，2013 年中央 1 号文件起草时，“家庭农场”是作为括号中的内容对“专业大户”进行补充的，即“专业大户(家庭农场)”。

续表5-11

价格区间/(元/hm²)	普通农户		专业大户		合作社		农业企业	
	频率	占比/%	频率	占比/%	频率	占比/%	频率	占比/%
[15 000,18 000]	7	2.80	12	9.52	27	42.86	10	8.20
[18 000,21 000]	2	0.80	6	4.76	6	9.52	22	18.03
[21 000,24 000]					2	3.17	4	3.28
[24 000,27 000]					4	6.35	5	4.09
[27 000,30 000]	3	1.20	1	0.79	1	1.59	12	9.84
[30 000,33 000]	2	0.80					5	4.09
[33 000,36 000]								
[36 000,39 000]	1	0.40			1	1.59		
[39 000,42 000]							10	8.20

一、不同流转主体的价格分布特征

(一)普通农户的流转价格分布情况

从普通农户流转价格的频率统计情况来看，普通农户流转价格的偏度为2.38，峰度为8.89，说明直方图具有右偏态特征。从表5-11和图5-10可知，普通农户的流转价格主要分布在[3 000,6 000)、[6 000,9 000)两个区间内，二者分别占比29.60%和27.20%，合计占比56.8%，即接近60.00%的流转价格集中在[3 000,9 000)区间内。低于3 000元/hm² 的样本占相对较小，为10.40%；高于9 000元/hm² 的样本占比呈逐渐下降趋势，共计占比32.8%。

(二)专业大户/家庭农场的流转价格分布情况

从专业大户/家庭农场流转价格的频率统计情况来看，专业大户/家庭农场流转价格的偏度为0.22，峰度为1.41，说明直方图略微呈右偏态分布。从表5-11和图5-11可知，专业大户/家庭农场的流转价格集中分布在[9 000,12 000)和[12 000,15 000)两个区间内，二者分别占比22.22%、40.48%，合计占比62.70%，即超过60.00%的流转价格集中在[9 000,15 000)区间内。低于9 000元/hm² 的样本占比呈逐渐减小趋势，共计占比22.23%；高于15 000元/hm² 的样本占比亦逐渐下降，共计占比15.07%。

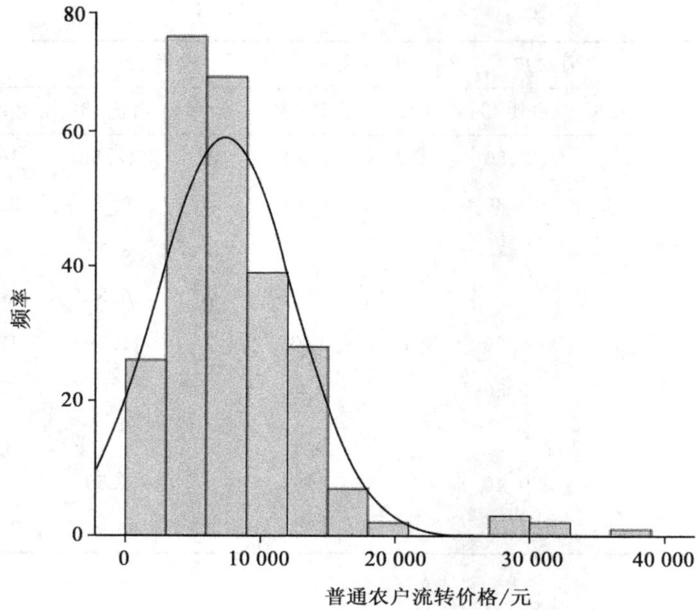

图 5-10　普通农户流转价格直方图

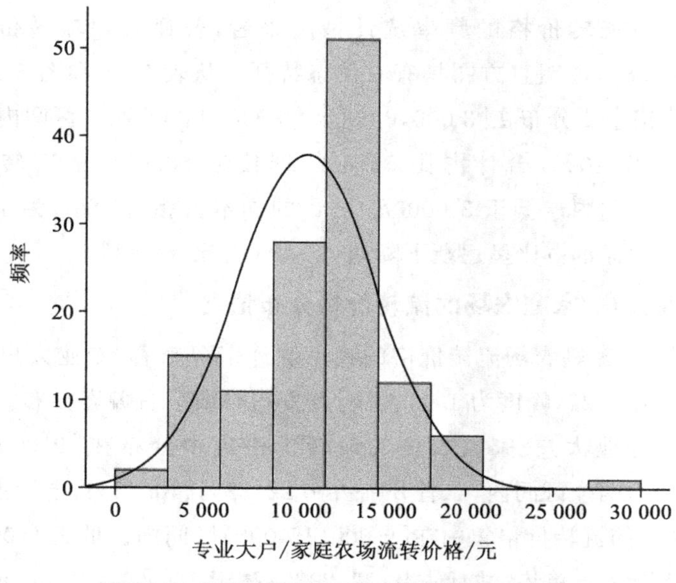

图 5-11　专业大户/家庭农场流转价格直方图

(三)合作社的流转价格分布情况

从合作社流转价格的频率统计情况来看，专业大户/家庭农场流转价格的偏度为0.71，峰度为2.19，说明直方图略微呈右偏态分布。从表5-11和图5-12可知，专业合作社的流转价格集中分布在[12 000，15 000)、[15 000，18 000)、[18 000，21 000)3个区间内，三者分别占比9.52%、42.86%、9.52%，合计占比61.90%，即超过60.00%的流转价格集中在[12 000，21 000)区间内。低于12 000元/hm^2和高于21 000元/hm^2的样本占比均呈波动减小态势，前者合计占比25.40%，后者合计占比12.70%。

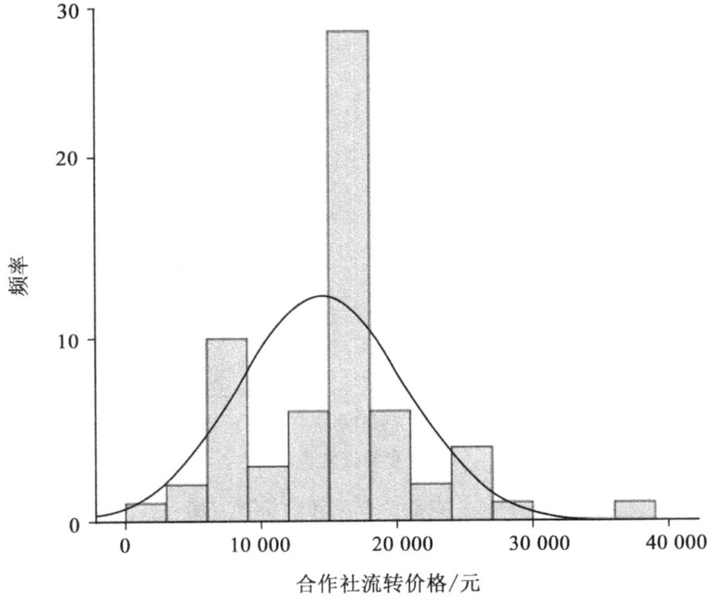

图5-12　合作社流转价格直方图

(四)农业企业的流转价格分布情况

从农业企业流转价格的频率统计情况来看，农业企业流转价格的偏度为0.84，峰度为0.16，说明直方图略微呈右偏态分布。从表5-11和图5-13可知，农业企业的流转价格并没有十分集中的分布区间，而是在[9 000，12 000)的波峰后呈现波状下降趋势。农地流转价格在>12 000元/hm^2后，出现了[18 000，

21 000)、[27 000,30 000)和[39 000,42 000)3 个逐渐下降的小波峰,3 者分别占比 18.03%、9.84%和 8.20%,连同[9 000,12 000)组,4 者合计占比 59.84%。小于 9 000 元/hm^2 的样本占比较小,共计占比 11.48%。因此,总的来说,农业企业的流转价格主要分布在中高值区间。

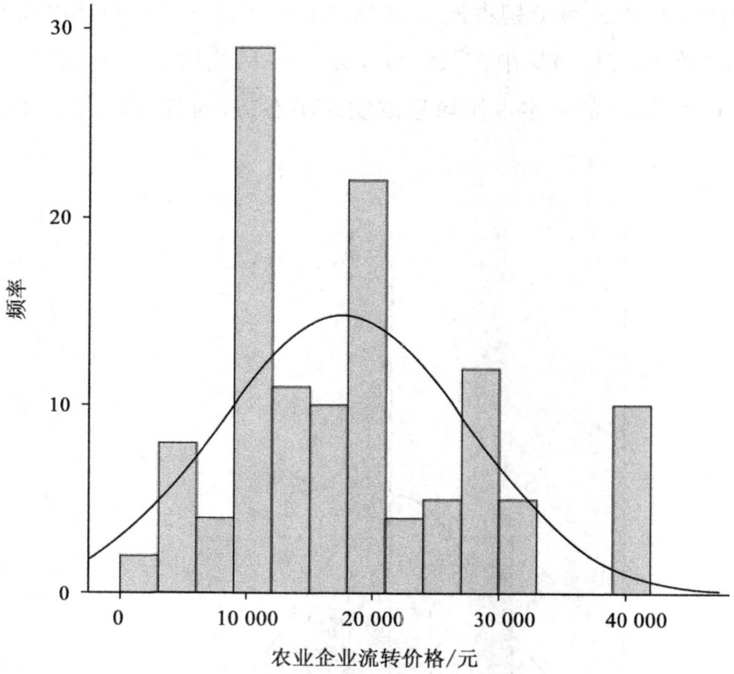

图 5-13　农业企业流转价格直方图

二、不同流转主体的价格差异分析

我们利用 SPSS 19.0 对 4 种流转主体的样本价格进行描述性统计分析,结果如表 5-12 所示。从表中我们可以看出:①从 4 类流转用途的均值排序来看,呈现出明显的农业企业(17 629.92)>合作社(14 473.81)>专业大户(10 869.05)>普通农户(7 366.80)的趋势。其中,农业企业的均值是合作社的 1.22 倍,是专业大户/家庭农场的 1.62 倍,是普通农户的 2.39 倍;合作社是专业大户/家庭农场的 1.33 倍,合作社是普通农户的 1.96 倍;而专业大户/家庭农场是普通农户的 1.48

倍。②从4类流转主体的最大值排序来看，农业企业（40 500.00）＞合作社（37 500.00）＝普通农户（37 500.00）＞专业大户（27 000.00），说明除专业大户的最大值相对较低外，另外3类主体的最大值差异并不明显。③从4类流转主体的最小值排序来看，合作社（2 700.00）＞农业企业（2 250.00）＞专业大户/家庭农场（1 500.00）＞普通农户（1 500.00），说明农业企业和合作社的最低流转价格通常高于普通农户和专业大户/家庭农场，其中农业企业的最小值是普通农户和家庭农场的1.5倍，合作社的最小值是普通农户和家庭农场的1.8倍；④从4类流转用途的中位数排序来看，其顺序与均值相同，其中，普通农户和农业企业的中位数要小于均值，而专业大户和合作社的中位数要大于均值，说明普通农户和农业企业样本中存在部分高值样本拉高了平均水平，而专业大户和合作社样本中存在部分低值样本，降低了平均水平。但总的来看，4类主体的中位数与均值差异不大，说明4类主体的价格分化具有相对稳定性。⑤从4类流转用途的变异系数来看，呈现普通农户（0.69）＞农业企业（0.56）＞合作社（0.42）＞专业大户/家庭农场（0.37）的趋势，说明在普通农户和农业企业内部价差相对较大，而合作社与专业大户/家庭农场的内部价差相对较小。总体而言，4类主体的流转价格均呈现中等变异性。

表5-12　不同对象流转价格的描述性统计结果　元/hm^2

流转主体	均值	极小值	极大值	中位数	标准差	变异系数
普通农户	7 366.80	1 500.00	37 500.00	6 000.00	5 070.12	0.69
专业大户	10 869.05	1 500.00	27 000.00	12 000.00	3 989.15	0.37
合作社	14 473.81	2 700.00	37 500.00	15 000.00	6 143.14	0.42
农业企业	17 629.92	2 250.00	40 500.00	15 375.00	9 832.50	0.56

三、不同流转主体间价格分化的统计检验

我们同样采用有序多分类Logistic回归模型和边际效应模型对流转主体价格分化特征进行统计检验。其中，农地流转价格分组及编码与第五章第二节三段相同，流转主体按普通农户＝1，专业大户/家庭农场＝2，合作社＝3，农业企业＝4进行编码。通过Stata12.0计算，有序多分类Logistic回归结果如表5-13所示。

表 5-13　不同流转主体有序多分类 Logistic 模型估计结果

变量	系数	标准差	Z 值	P 值	95%置信区间	
					下限	上限
专业大户	1.54	0.22	7.09	0.00	1.11	1.97
合作社	2.12	0.29	7.20	0.00	1.54	2.69
农业企业	3.23	0.26	12.38	0.00	2.72	3.74
/cut1	0.62	0.13	0.36	0.88		
/cut2	3.34	0.21	2.94	3.74		
/cut3	4.35	0.24	3.88	4.82		
/cut4	5.82	0.35	5.14	6.51		
/cut5	6.02	0.37	5.29	6.75		
LR chi2	195.42					
Prob>chi2	0.00					
Pseudo R^2	0.15					

注：Logistic 回归以普通农户为参照组，因而无普通农户的回归系数。

从有序多分类 Logistic 统计结果来看，LR chi2 为 195.42，显著水平均为 0.00<0.01，说明模型具有统计学意义。Pseudo $R^2=0.15$，表明模型估计结果总体较为理想。从表 5-13 可以看出：①专业大户、合作社和农业企业均通过了 0.01 水平的统计检验，表明不同流转主体对农地流转价格分化产生了显著影响；②专业大户、合作社和农业企业的回归系数为正，表明新型农业经营主体较普通农户的流转价格有显著提高；③从回归系数的排序来看：农业企业(3.23)>合作社(2.12)>专业大户(1.54)，说明农地流转价格具有“普通农户→专业大户/家庭农场→合作社→农业企业”不断升高的分化趋势。

为了从整体上分析流转主体变化对农地流转价格的影响，我们在 Stata12.0 中分别将自变量按分类变量(模型 1)和连续变量(模型 2)测算了不同流转用途的边际效应，其计算结果如表 5-14 所示。

(1)从模型 1 估算结果来看：①变量均满足 0.01 水平上的统计检验，说明各流转主体对农地流转价格产生了显著的边际影响。②从专业大户/家庭农场的边际效应来看，相比普通农户，其价格落入[1 500，7 500]的概率降低 36.53%，而在(7 500，15 000]和(15 000，22 500]区间的概率分别增加 25.77%和 6.35%，但在>

22 500 元/hm² 组，其分布概率迅速降低。③从合作社的边际效应来看，相比普通农户，其价格落入[1 500,7 500]的概率减小 46.69%，而在(7 500,15 000]、(15 000,22 500]和(22 500,30 000]区间的概率分别增加 27.42%、10.88%和 6.29%，但在>30 000 元/hm² 的区间，其分布概率迅速收敛。④从农业企业的边际效应来看，相比普通农户，其价格落入[1 500,7 500]的概率减小 58.15%，而在(7 500,15 000]、(15 000,22 500]和(22 500,30 000]区间的概率分别增加 14.30%、20.50%和 16.68%。当流转>30 000 元/hm² 后，其分布概率开始收敛，但收敛速度较合作社明显偏小，即相比其他经营主体，农业企业的流转在高值区域仍有较大的分布概率。

(2)从模型 2 估算结果来看：各区间的边际系数亦通过了 0.01 水平上的统计检验，说明新型农业经营主体对农地流转价格产生了显著的边际影响。当农地转入新型农业经营主体时，其价格落入[1 500,7 500]的概率降低 23.92%，而在(7 500,15 000]和(15 000,22 500]区间的概率分别增加 13.31%和 6.20%，但在>22 500 元/hm² 组，其分布概率迅速降低，其落在(22 500,30 000]、(30 000,37 500]和(37 500,45 000]区间的概率分别为 3.34%、0.19%和 0.89%。

表 5-14　不同流转主体对农地流转价格的边际效应

价格区间/(元/hm²)	模型 1			模型 2
	专业大户	合作社	农业企业	新型农业经营主体
[1 500,7 500]	−36.53**	−46.69**	−58.15**	−23.92**
(7 500,15 000]	25.77**	27.42**	14.30**	13.31**
(15 000,22 500]	6.35**	10.88**	20.50**	6.20**
(22 500,30 000]	3.34**	6.29**	16.68**	3.34**
(30 000,37 500]	0.18**	0.36**	1.10**	0.19**
(37 500,45 000]	0.88**	1.74**	5.58**	0.89**

注：(1)在模型 1 中普通农户为参照组，因而无普通农户的边际系数；(2) ** 表示在 0.01 水平上显著。

第四节　农地流转价格的结构分化机制研究

通过上节的分析和测算，我们揭示了农地流转价格在“用途”和“主体”方面的结构分化特征。那么为什么会出现农地流转价格的结构分化呢？根据土地经济学基本原理，农地的经济价值以其实际收益能力和现实收益水平为基础，本节试图从流转经营收益的角度来进行解释。

一、不同流转用途的价格分化机制

为了揭示不同流转用途价格分化的内在原因，我们对调研样本分别统计了各类用途的流转经营收益状况，如表 5-15 所示。其中，流转经营收益＝流转经营总收入－总成本。需要说明的是，在实际调查过程中发现，以家庭用工为主的经营主体通常不核计家庭用工成本，因此，调研问卷中的总成本仅为显性成本[①]，也就是说表中的流转经营收益实际上只是毛收益，这与实际收益水平可能存在一定的差距，但这并不影响各用途收益水平的总体判断。

表 5-15　不同流转用途的经营收益状况　　元/hm^2

流转用途	样本量/个	农地流转价格均值	流转经营收益				
			平均值	最大值	最小值	中位数	变异系数
粮食作物	1 317	9 280.50	4 411.78	24 000.00	－15 120.00	4 500.00	1.47
经济作物	923	12 810.30	50 020.42	547 500.00	－165 000.00	18 000.00	1.77
(1)果树	187	12 555.75	80 784.87	442 500.00	－99 000.00	25 500.00	1.40
(2)花卉	41	14 881.05	44 947.68	382 500.00	－12 000.00	15 000.00	1.79
(3)苗圃	105	13 631.10	45 534.00	396 000.00	－57 150.00	10 515.00	2.11
(4)蔬菜	468	13 456.95	48 585.64	547 500.00	－165 000.00	19 500.00	1.71
(5)烟草	32	7 400.70	21 468.28	61 500.00	－21 000.00	21 750.00	0.88
(6)药材	39	11 573.08	16 919.62	195 000.00	－9 000.00	7 500.00	2.00
(7)油料	18	9 916.67	8 866.67	37 500.00	－13 500.00	6 750.00	1.36
(8)棉花	33	8 181.75	5 867.27	33 000.00	－4 200.00	6 000.00	1.17
养殖用途	88	16 794.90	51 925.74	735 000.00	－16 350.00	23 250.00	1.91
非农用途	48	29 180.94	114 022.19	780 000.00	－30 000.00	64 500.00	1.25

注：由于部分样本缺少成本收益数据，故此表的样本量(2 376)要小于总样本量。

① 该显性成本主要由物质与服务费用、土地成本和雇工费用组成。

根据表 5-15 可知，从不同用途的平均收益水平来看，非农用途(114 022.19)＞养殖用途(51 925.74)＞经济作物(50 020.42)＞粮食作物(4 411.78)，总的来看，收益水平呈现非农用途＞非粮用途＞种粮用途的趋势，这与上文农地流转价格的分化趋势一致。由于 4 类用途的收益水平均呈现出强变异性，为更客观的分析三者的收益差距，我们拟采用中位数进行分析，从 4 类用途的收益水平的中位数排序来看，非农用途(64 500.00)＞养殖用途(23 250.00)＞经济作物(18 000.00)＞粮食作物(4 500.00)，说明非农用途的收益水平远高于其他用途，而非粮用途的收益水平又明显高于种粮用途。从非农用途、非粮用途与粮食作物的收益水平来看，非农用途的收益水平是粮食作物的 14.33 倍，养殖用途的收益水平是粮食作物的 5.17 倍，经济作物的收益水平是粮食作物的 4 倍。同时，我们还统计了各类经济作物的收益水平和流转价格。从不同经济作物的收益水平来看，果树(80 784.87)＞蔬菜(48 585.64)＞苗圃(45 534.00)＞花卉(44 947.68)＞烟草(21 468.28)＞药材(16 919.62)＞油料(8 866.67)＞棉花(5 867.27)，说明诸如果树、蔬菜、苗圃、花卉、药材等高附加值经济作物的收益水平要明显高于烟草、油料和棉花等普通经济作物。从不同经济作物的流转价格排序来看，花卉(14 881.05)＞苗圃(13 631.10)＞蔬菜(13 456.95)＞果树(12 555.75)＞药材(11 573.08)＞油料(9 916.67)＞棉花(8 181.75)＞烟草(7 400.7)，其趋势与收益水平总体一致。

为了进一步揭示农地流转价格与其收益水平的相互关系，我们利用 SPSS19.0 对农地流转价格与收益水平进行了相关分析，结果显示，农地流转价格与流转经营收益的相关系数为 0.86，并在 0.01 水平上显著，表明农地流转价格与其收益水平具有显著的统计相关性。同时，我们利用 OLS 回归模型分析两者的数量关系，结果显示，农地流转价格＝7 142.86＋0.15×流转经营收益，$R^2=0.74$，并在 0.01 水平上显著，证明农地流转价格的用途分化与其收益水平具有内在一致性，即不同流转用途收益水平的差异是导致农地流转价格用途分化的根本原因。

二、不同流转主体的价格分化机制

上文从流转经营收益的角度揭示了不同流转用途价格分化的内在原因，本节将继续从流转经营收益的角度探讨不同流转主体的价格分化原因。由于不同农业经营主体经营收益的差异主要来自两方面：一是同一流转用途的收益差距；二是不同流转用途的收益差距。因此，本研究将从上述两方面分析不同流转主体的价格分化原因。鉴于经济作物、养殖用途、非农用途的具体经营内容差异很大，难以进行横向比较，因此对不同主体同一流转用途收益差距的分析主要针对粮食作物。

根据中国土地政策与法律研究中心的调研数据统计，研究区不同流转主体粮食生产成本收益情况如表 5-16 所示。从表中可以看出，虽然新型农业经营主体的粮食产量总体略高于普通农户（高出 5.90%），在种子、肥料、农药、农机作业等物资和服务投入方面也稍具成本优势，但这种差距很小，且很快被更高的土地成本和用工成本对冲。在不计家庭用工折价的情况下，普通农户粮食生产的成本收益率（65.94%）甚至高于专业大户（30.80%）、合作社（20.83%）和农业企业（14.33%）等新型农业经营主体。因此，新型农业经营主体在粮食生产领域并未取得规模经济优势。由此推断，不同流转主体的价格分化可能是由其流转用途的不同导致的。

表 5-16　不同主体粮食生产成本收益情况　　元/hm^2

项目	小麦				玉米			
	普通农户	专业大户	合作社	农业企业	普通农户	专业大户	合作社	农业企业
产量/(kg/hm^2)	7 075	7 627	7 636	7 473	7 858	8 573	7 854	8 250
总产值	16 980	18 305	18 327	17 936	13 359	14 574	13 352	14 025
种子费	1 019	1 020	795	937	814	897	811	768
肥料费	2 719	2 186	2 183	2 308	2 434	1 645	2 195	2 208
农药	564	593	567	756	560	410	553	668
水电及灌溉费	450	804	850	1 203	449	240	742	723
农机作业费	1 926	1 861	1 900	1 913	1 550	1 491	1 697	1 514
用工费用	615	690	1 000	1 065	302	473	789	1 211
土地成本	3 302	5 223	5 500	6 054	3 302	5 223	5 500	6 054
总成本	10 595	12 375	12 794	14 234	9 410	10 378	12 287	13 145
纯收益	6 385	5 930	5 533	3 701	3 949	4 196	1 065	880

注：(1)由于研究区为“小麦-玉米”一年两熟，因此将农地流转价格按 1/2 分别摊入小麦和玉米土地成本中；(2)表中的用工成本仅为雇工成本，不含家庭用工折价。

为了证明上文推测，我们根据中国土地政策与法律研究中心的调研数据制作了不同流转主体不同流转用途的农地流转价格矩阵，并计算了同一用途不同主体的变异系数（变异系数1）和同一主体不同用途的变异系数（变异系数2），如表5-17所示。从表中我们可以看出，变异系数1的最大值为0.25，最小值为0.21，平均值为0.23，变异系数总体较小，说明不同主体在同一用途上的流转价格差异并不大；变异系数2除专业大户因缺失非农用途数据而导致变异系数较小外，其余3个主体的变异系数均较变异系数1大；且变异系数2均值（0.42）明显大于变异系数1均值（0.23），说明不同流转用途之间的价格差异要明显大于主体间的价格差异，即不同流转主体间的价格分化可能更多是由其流转用途不同导致的。为此，我们进一步对不同主体的农地流转用途进行了统计，并按各类用途的占比情况绘制成图（图5-14）。从图中可以清晰的看出，不同流转主体的流转用途存在显著差异。普通农户流转后用途占比排序为：粮食作物（72.80%）＞经济作物（24.80%）＞养殖业（2.00%）＞非农用途（0.40%）。专业大户/家庭农场流转后用途占比排序为：经济作物（61.11%）＞粮食作物（32.54%）＞养殖业（6.35%）＞非农用途（0.00%）。合作社或村委会流转后用途占比排序为：经济作物（75.00%）＞养殖业（10.94%）＞非农用途（9.38%）＞粮食作物（4.69%）。农业企业流转后用途占比排序为：经济作物（63.93%）＞非农用途（24.59%）＞养殖业（5.74%）＝粮食作物（5.74%）。总体来看，普通农户流转后用于种植粮食作物的比例最高，达到72.80%，其次是专业大户/家庭农场，占比32.54%；合作社和农业企业很少在农地流转后用于种植粮食作物，两者在流转后主要用于种植经济作物，甚至有相当比例用于非农用途。根据这一结果，结合第五章第四节第一段的结论，我们可以判断，不同流转主体的农地流转价格分化主要是其流转用途不同导致的。

表5-17　不同主体与不同用途的农地流转价格矩阵　　元/hm^2

项目	普通农户	专业大户	合作社	农业企业	变异系数1
粮食作物	6 604.50	10 445.10	10 999.95	12 107.10	0.21
经济作物	8 019.00	10 934.40	14 215.65	14 594.25	0.22
养殖用途	21 000.00	12 412.50	11 357.10	15 964.20	0.25
非农用途	37 500.00	—	20 749.95	27 199.95	0.24
变异系数2	0.68	0.07	0.27	0.33	

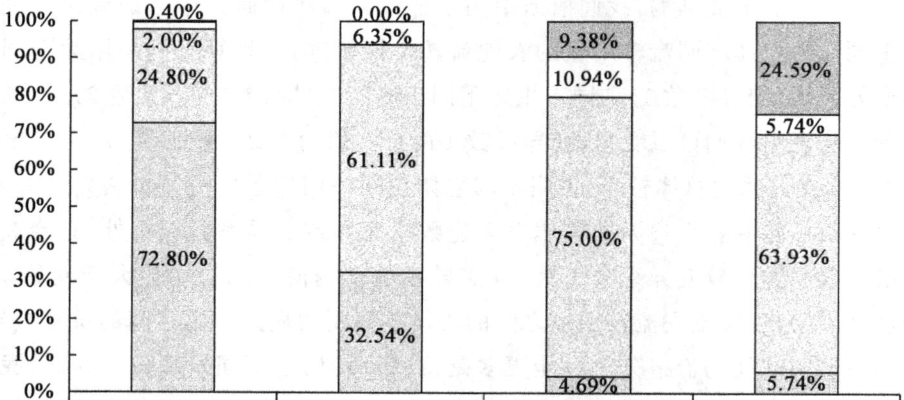

	普通农户	专业大户	合作社	农业企业
■非农用途	0.40%	0.00%	9.38%	24.59%
□养殖用途	2.00%	6.35%	10.94%	5.74%
□经济作物	24.80%	61.11%	75.00%	63.93%
□粮食作物	72.80%	32.54%	4.68%	5.74%

图 5-14　不同流转主体农地流转用途的情况

第五节　本章小结

本章基于河北、江苏、安徽、山东、河南5省3 136份实地调研样本，从“流转用途”和“流转主体”两个维度，详细分析了农地流转价格的结构分化特征及其形成机理。主要结论如下。

(1)农地流转价格在“用途”和“主体”两个维度均存在显著的结构分化特征。其中，在不同流转用途上，各类用途均有不同的价格分布区间，且在价格水平上呈现非农用途＞养殖用途＞经济作物＞粮食作物的分化趋势。统计分析显示，这种不同用途的价格分化具有显著的统计学意义，当农地流转用途从种粮用途转为非粮用途和非农用途时，其价格落入[1 500,7 500]低值区间的概率降低27.91%，而在(7 500,15 000]和(15 000,22 500]区间的概率分别增加11.13%和14.49%，落在(22 500,30 000]、(30 000,37 500]和(37 500,45 000]等高值区间的概率分别增加1.69%、0.26%和0.35%。在不同流转主体上，各类主体也具有不同的价格分布区间，且在价格水平上呈现农业企业＞合作社＞专业大户/家庭农场＞普通农户的趋势。统计分析显示，这种不同主体的价格分化也具有显著的统计学意义，当农地流转用途从普通农户转入新型农业经营主体时，其价格落入[1 500，7 500]的概率降低 23.92%，而在(7 500，15 000]和(15 000，22 500]区间的概率分别增加 13.31%和 6.20%，落在(22 500，30 000]、(30 000，37 500]和(37 500，45 000]区间的概率分别增加 3.34%、0.19%和 0.89%。

(2)农地流转价格结构分化机制分析表明，不同流转用途间的价格分化与其流转经营收益水平是密切相关的，也就是说，由于不同流转用途收益水平的差异导致了农地流转价格的用途分化。而通过实证分析发现，不同流转主体间的价格分化并非由同一流转用途经营收益(或经营效益)差距导致的，而主要是受不同主体流转用途差异的影响。具体而言，普通农户流转农地主要用于种植粮食，由于种粮收益有限，因而其流转价格较低；而新型农业经营主体流转后主要用于种植经济作物或发展养殖业，甚至有相当比例用于非农用途，由于后者的收益水平较高，因而新型农业经营主体可承受的流转价格会明显高于普通农户。由此可见，不同流转主体的流转价格差异在很大程度上仍体现为不同流转用途的价格差异。

第六章　我国农地流转价格分化的变化趋势及内在逻辑

前文对农地流转价格的时间、空间和结构分化特征及形成机制进行了详细分析，除农地流转价格的时间分化外，空间分化和结构分化都是基于截面数据的分析，尚未分析空间分化和结构分化在时间序列上的变化趋势，因而难以揭示三者的相互关系和内在机理。为此，本章基于《全国农产品成本收益资料汇编》数据，以时间为主轴，讨论农地流转价格在空间和结构上的变化趋势，并结合农业农村部全国农村经营管理统计数据，从供求关系视角分析农地流转价格分化的内在逻辑。

第一节　农地流转价格空间分化的变化趋势分析

本节主要利用《全国农产品成本收益资料汇编》数据，以省为单元分析我国农地流转价格空间分化在时间上的变化趋势。在开展分析前有两点需要说明，第一，虽然该资料对多种作物的土地成本都进行了统计，但受农作物自身播种范围的限制，很多作物的数据覆盖度较差，不能满足全国层面的分析要求，以稻谷为例，该资料主要统计了浙江、福建等南方 9 省的土地成本数据，而小麦的土地成本数据则分布在北方省份，因而这种数据更多是区域性的，难以说明全国整体情况。鉴于此，我们按照“数据空间覆盖度最大”和“时间连续性最好”的原则对各类作物进行筛选，最终在粮食作物中选取玉米为代表，在经济作物中选取露地大白菜为代表来分析近年来我国农地流转价格的空间分化趋势。其中，前者共计收集到 2004—2017 年全国 20 个省份的土地成本数据；后者共计收集到 2011—2017 年全国 27 个省份的土地成本数据[①]。第二，汇编资料中的土地成本主要由自营地折租构成，在自营

① 《全国农产品成本收益资料汇编》从 2011 年才将省级层面的蔬菜成本收益数据纳入统计范畴；具有露地大白菜土地成本的省份共计 27 个，鉴于福建省土地成本在 2011—2017 年间波动过于剧烈，相邻年份间多次出现断崖式变化。这种变化趋势不仅与土流网上公布的福建省农地流转价格大数据统计结果不符，也与全国整体变化趋势相悖，为避免个别省份对整体趋势的干扰。因此，未将福建省纳入经济作物土地成本统计范畴。

地折租水平较低的情况下，其价格水平会明显低于正常市场价格。鉴于此，本研究更多地关注其变化趋势而非真实价格水平。

首先，我们对 2004—2017 年各地粮食作物（玉米）、经济作物（露地大白菜）土地成本进行描述性统计（表 6-1），并生成变异系数变化趋势图（图 6-1）。从各地区的粮食作物土地成本变化情况来看，在 2004—2017 年间，玉米的土地成本均值从 828.95 元/hm^2 增长到 2 828.12 元/hm^2，14 年增长了 3.41 倍；最大值从 1 714.50 元/hm^2 增长到 4 336.65 元/hm^2，增长了 2.53 倍；最小值从 303.60 元/hm^2 增长到 1 329.30 元/hm^2，增长了 4.38 倍，说明低值区域的农地流转价格增速要明显高于全国平均水平；2004 年全国玉米土地成本最大值与最小值相差 5.65 倍，到 2017 年两者缩小到 3.26 倍，说明我国粮食作物土地成本的极值差距在缩小。从各地区的经济作物土地成本变化情况来看，在 2011—2017 年间，露地大白菜的土地成本均值从 3 104.67 元/hm^2 增长到 4 405.21 元/hm^2，7 年增长了 1.42 倍；最大值从 5 511.45 元/hm^2 增长到 7 500.00 元/hm^2，增长了 1.36 倍；最小值从 548.25 元/hm^2 增长到 2 400.00 元/hm^2，增长了 4.38 倍，说明农地流转价格低值区域在此期间增幅较大；2011 年全国玉米土地成本最大值与最小值相差 10.05 倍，到 2017 年两者缩小到 3.13 倍，说明我国经济作物土地成本的极值倍差大幅度降低。

表 6-1 我国粮食作物、经济作物土地成本变化情况 元/hm^2

年份	粮食作物土地成本（玉米）				经济作物土地成本（露地大白菜）			
	平均值	最大值	最小值	极值倍差	平均值	最大值	最小值	极值倍差
2004	828.95	1 714.50	303.60	5.65				
2005	870.47	1 778.40	129.45	13.74				
2006	949.97	1 848.90	204.75	9.03				
2007	1 151.59	2 513.40	455.40	5.52				
2008	1 383.88	2 767.50	555.60	4.98				
2009	1 531.62	2 766.30	654.30	4.23				
2010	1 786.79	3 355.05	695.40	4.82				
2011	2 064.70	4 262.25	944.85	4.51	3 104.67	5 511.45	548.25	10.05
2012	2 311.12	4 802.85	1 122.90	4.28	3 598.75	6 226.95	1 650.00	3.77
2013	2 485.10	4 864.95	1 178.85	4.13	3 879.91	6 656.85	1 841.70	3.61
2014	2 801.71	5 706.45	1 195.05	4.78	4 047.47	7 108.35	1 800.00	3.95
2015	2 957.27	5 870.70	1 206.15	4.87	4 332.90	7 589.25	2 400.00	3.16
2016	2 991.11	5 519.10	1 242.30	4.44	4 399.49	7 766.25	2 332.20	3.33
2017	2 828.12	4 336.65	1 329.30	3.26	4 405.21	7 500.00	2 400.00	3.13

从图 6-1 中可知，无论是粮食作物（玉米）还是经济作物（露地大白菜），其土地成本的变异系数在 2004—2017 年间均呈现下降趋势，说明我国农地流转价格的区域间差距在不断缩小。从粮食作物土地成本变异系数来看，2004—2007 年的变异系数稳定在 0.50 左右，从 2008 年开始我国区域间粮食作物土地成本差距开始迅速缩小，到 2010 年到达低谷 0.37，此后，虽然变异系数出现小幅波动，但在 2015 年后再次迅速缩小，并在 2017 年到达这一时期的最低值(0.32)。从经济作物土地成本变异系数来看，2011—2017 年的变异系数下降趋势比较明显，从 2011 年的 0.35 下降到 2017 年的 0.28，年均下降幅度近 1%，说明我国经济作物土地成本的区域差异有明显缩小趋势。总的来看，2004 年以后，我国农地流转价格的空间分化呈现出逐渐缩小的趋势。

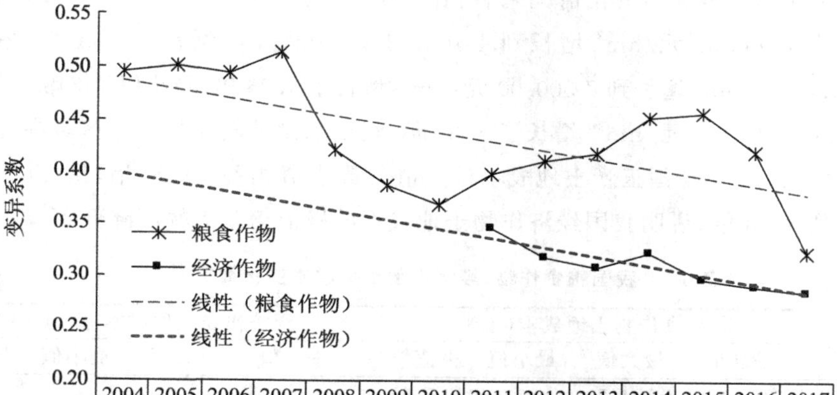

	2004	2005	2006	2007	2008	2009	2010	2011	2012	2013	2014	2015	2016	2017
粮食作物	0.50	0.50	0.49	0.51	0.42	0.39	0.37	0.40	0.41	0.42	0.45	0.46	0.42	0.32
经济作物								0.35	0.32	0.31	0.32	0.30	0.29	0.28

图 6-1　2004—2017 年我国区域间土地成本变异系数情况

第二节　农地流转价格结构分化的变化趋势分析

上一节揭示了我国农地流转价格空间分化的变化趋势，本节将继续采用《全国农产品成本收益资料汇编》中的土地成本数据从结构维度分析我国农地流转价格结构分化的变化趋势。需要说明的是，由于目前尚无不同时期各类流转主体的流转价格数据，因而这里重点分析不同用途流转价格的分化趋势。同时鉴于养殖用途和非农用途的数据缺失，因此，这里主要探讨粮食作物与经济作物之间的价格分化趋势。

我们从《全国农产品成本收益资料汇编》中收集到 2004—2017 年我国 3 种粮食、棉花、甘蔗、苹果和 5 种蔬菜作物的土地成本数据，并分别计算了 5 种作物的变异系数(变异系数 1)以及 4 种经济作物的变异系数(变异系数 2)，结果如表 6-2 所示。从表 6-2 中我们可以看出，无论是粮食作物，还是经济作物，土地成本在 2004—2017 年期间都有较大幅度上涨。从土地成本累计增幅排序来看，3 种粮食(298.71%)＞苹果(250.16%)＞棉花(239.12%)＞甘蔗(222.88%)＞蔬菜(180.67%)，说明在此期间粮食作物的土地成本较经济作物的增幅要大。从土地成本年均增长率的排序来看，也呈现出 3 种粮食(11.23%)＞苹果(10.12%)＞棉花(9.85%)＞甘蔗(9.44%)＞蔬菜(8.26%)的趋势，说明这期间粮食作物土地成本的增速明显快于经济作物。从变异系数 1 来看，5 种作物的变异系数从 2004 年的 0.21 下降到 2017 年 0.13，降幅 0.08，说明 5 种作物的农地流转价格差异呈现不断缩小趋势。从变异系数 2 来看，4 种经济作物的变异系数也呈现不断下降的趋势，从 2004 年的 0.09 下降到 0.03，降幅 0.06。那么这种趋势主要是由粮食作物与经济作物间的差距缩小导致的，还是由经济作物内部差异缩小导致的，通过比较变异系数 1 和变异系数 2 我们可以发现，无论是变异系数的绝对数值，还是在 2004—2017 年的整体降幅，变异系数 1 均明显大于变异系数 2，说明 5 种作物变异系数的减小主要是由粮食作物与经济作物的组间差距导致的，而非经济作物的组内差距。为了更清晰地反映粮食作物与经济作物农地流转价格的分化趋势，我们制作了粮食作物与 4 种经济作物的倍差变化图(图 6-2)。从图 6-2 中可以看出，粮食作物与 4 经济作物土地成本的差距呈现出明显的缩小趋势。其中，与棉花的倍差从 2004 年的 1.67 倍缩小到 2017 年的 1.42 倍，与甘蔗的倍差从 2004 年的 1.76 倍缩小到 2017 年的 1.39 倍，与苹果的倍差从 2007 年的 2.70 倍缩小到 2017 年的 1.49 倍，与蔬菜的倍差从 2006 年的 2.62 倍缩小到 2017 年的 1.45 倍。

综上可知，在 2004—2017 年间，受粮食作物农地流转价格的快速上涨影响，我国农地流转价格的结构分化呈现出不断缩小的趋势。

表 6-2　2004—2017 年我国粮食作物和经济作物土地成本变化情况　元/hm²

年份	3 种粮食	棉花	甘蔗	苹果	蔬菜	变异系数 1	变异系数 2
2004	811.05	1 357.80	1 391.85	1 373.40	1 675.20	0.21	0.09
2005	930.30	1 478.70	1 506.90	1 798.05	1 709.70	0.20	0.08
2006	1 023.75	1 570.65	1 575.00	1 788.30	2 684.55	0.31	0.24
2007	1 224.60	1 930.05	1 783.95	3 301.20	2 602.65	0.33	0.25
2008	1 494.30	2 242.50	1 912.20	3 068.70	2 873.40	0.25	0.19
2009	1 719.30	2 544.30	2 089.95	3 124.65	3 381.30	0.24	0.18
2010	1 999.20	2 635.65	2 413.80	3 897.30	3 466.95	0.24	0.19
2011	2 246.25	2 956.65	2 668.65	4 486.95	4 017.75	0.26	0.21
2012	2 492.85	3 412.05	2 886.60	4 816.50	4 214.70	0.24	0.19
2013	2 720.40	3 784.65	3 362.55	5 069.55	4 198.65	0.21	0.15
2014	3 059.10	4 123.35	3 515.40	5 382.45	4 290.90	0.19	0.16
2015	3 266.40	4 204.35	3 844.35	5 107.50	4 409.10	0.15	0.10
2016	3 334.05	4 532.70	4 201.35	5 065.95	4 479.75	0.13	0.07
2017	3 233.70	4 604.55	4 494.00	4 809.15	4 701.75	0.13	0.03
累计增幅	298.71%	239.12%	222.88%	250.16%	180.67%	—	—
年均增长	11.23%	9.85%	9.44%	10.12%	8.26%	—	—

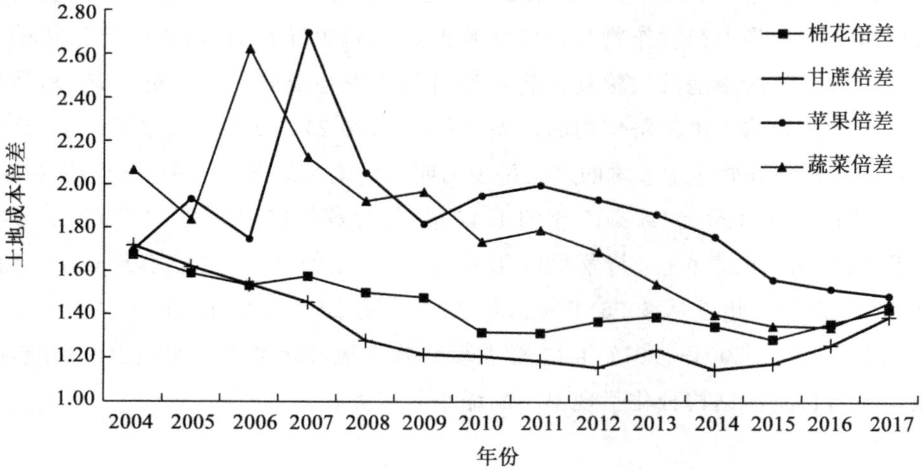

图 6-2　2004—2017 年我国粮食作物与经济作物土地成本倍差变化情况

第三节　农地流转价格分化趋势的内在逻辑

通过前两节的分析，我们得出 3 点结论：第一，我国农地流转价格在 2004—2017 年有较大幅度增长；第二，我国农地流转价格的空间分化在不断缩小；第三，我国农地流转价格的结构分化在不断缩小。其中第一点在本书第三章中已经有过分析，那么第二点和第三点结论背后的原因是什么？根据微观经济学原理，我们知道商品的价格是由供需关系所决定的，同时，本研究理论分析部分也指出，农地流转价格分化的本质是供需关系的分化，基于此，本节将从农地流转市场供需关系变化的视角对我国农地流转价格分化趋势进行分析，以期更深入地认识农地流转价格分化的内在逻辑。

一、农地市场供需关系在时间上的变化

农地流转最大的动力来源于我国城镇化的发展，随着农村人口向城镇的转移，有限的农地资源需要进行再配置，这既是流出人口所承包农地继续耕种的要求，也是发展现代农业、实现农地适度规模经营的需要[162, 163]。从这个意义上讲，合理的农地流转规模应与城镇化发展水平相匹配，即当城镇化推进快的时候，农地流转规模也应随之跟进，以此承接转移人口农地再配置的需求。基于这个理论逻辑，我们拟从增量平衡的角度来审视农地流转市场的供需平衡关系，为此，我们设：①××××年农地理论新增供给量＝××××年城镇化率增加值×××××年初家庭承包耕地总面积；②××××年农地实际新增需求量＝××××年农地流转总面积－上年农地流转总面积；③当××××年农地理论新增供给量＞××××年农地实际新增需求量时，说明当年供过于求；④当××××年农地理论新增供给量＜××××年农地实际新增需求量时，说明当年供不应求。需要说明的是，为简化模型，我们这里主要从增量角度考察农地市场的供需关系，暂不考虑存量市场状况。

经计算，2004—2016 年我国农地市场供需情况如表 6-3 所示。从表中可看出，在 2008 年以前，虽然我国农地流转面积总体在增加，但增幅较小，在 2004—2007 年我国农地新增需求量实际上小于同期新增供给量，说明在 2008 年以前我国农地市场供给比较充分，而需求总体不足。以 2008 年为拐点，我国新增农地需求量开始反超当年理论新增供给量，且供需差额持续拉大，并在 2014 年到达峰值（2014

年的新增需求量是理论新增供给量的 4.52 倍)。统计显示,在 2008—2016 年间,我国农地流转面积年均增速达到了 20.35%。结合本书第三章分析可知,2008 年后的农地需求增长是与我国农地土地政策变化密切相关的。首先,从 2006 年开始,我国全面取消农业税,降低了农业生产成本,在一定程度上拉动了农地需求。其次,我国从 2004 年开始实施农业 4 项补贴和粮食最低收购价政策,且两者在此后持续上涨,特别是 2008 年后的增幅更为明显(图 6-3)。农地补贴和最低收购价政策的实施,等于直接增加了农业经营收益,从经济上刺激了农业经营主体流转农地的需求。此外,自党的十七届三中全会(2008 年)中央提出要促进土地流转,实现农业规模经营后,农地流转开始受到地方政府的重视。加速农地流转,推动规模经营成为这一时期重要政策目标。受此影响,各地政府开始通过流转补贴,甚至以行政手段直接推动农地流转。这一点从大量政策文件和诸多学术研究中可以得到验证。在政策文件方面,这一时期地方政府普遍将农地流转率作为农业发展的政绩指标,如浙江省 2009 年发文①提出,到 2012 年,全省农地流转率达到 35%以上,其中经济发达区县达到 50%以上。陕西省 2013 年发文②提出,要加快土地流转和园区建设,使全省土地流转率尽快达到全国平均水平,并对城镇规划区外的较大规模土地流转项目给予财政奖励。辽宁省沈阳市 2008 年发文③要求,到 2012 年,全市农村土地承包经营权流转率要达到 35%以上。河北省石家庄市 2014 年发文④提出,到 2017 年,全市农地流转率要力争达到 30%以上,城郊现代都市农业区域带农地流转率要力争达到 50%。在学术研究方面,朱启臻[10]、诸培新[164]、尚旭东[87]、黄忠怀[165]等诸多学者研究发现,政府干预是这一时期我国农地流转规模快速扩张的重要原因。

综上可知,2004 年以来,受政策因素影响,我国农地需求开始不断增长,特别是 2008 年后,在农业政策和地方政府的直接推动下,农地需求被迅速放大,远超同期农地理论新增供给量,从而导致我国农地流转价格在这一时期实现快速增长。

---

① 《中共浙江省委办公厅　浙江省人民政府办公厅关于积极引导农村土地承包经营权流转促进农业规模经营的意见》浙委办〔2009〕37 号。

② 陕西省委、省政府《关于加快推进城乡发展一体化　促进城乡共同繁荣的若干意见》(2013 年 4 月 27 日)

③ 中共沈阳市委关于贯彻《中共中央关于推进农村改革发展若干重大问题的决定》的实施意见(2008 年 12 月 22 日中共沈阳市委十一届六次全体会议通过)。

④ 《石家庄市人民政府关于进一步推动农村土地承包经营权流转促进农业规模经营发展的意见》(石政发〔2014〕30 号)。

这便是我国农地流转价格在时间分化后期迅速上涨的内在逻辑。

表 6-3　2004—2016 年我国农地市场供需关系　$10^4 hm^2$

年份	承包地总面积	农地流转总面积	城镇化率增加值/%	理论新增供给量	实际新增需求量	供需差额
2004	7 892.00	388.26	1.23	97.27	12.77	84.50
2005	7 983.76	364.49	1.23	97.07	−23.76	120.84
2006	8 091.80	370.08	1.35	107.78	5.59	102.19
2007	8 103.18	424.82	1.55	125.42	54.74	70.68
2008	8 212.33	725.66	1.10	89.13	300.84	−211.71
2009	8 421.18	1 010.27	1.35	110.87	284.61	−173.74
2010	8 494.09	1 244.55	1.61	135.58	234.28	−98.70
2011	8 515.64	1 519.56	1.32	112.12	275.00	−162.88
2012	8 736.34	1 855.56	1.30	110.70	336.00	−225.30
2013	8 847.28	2 273.47	1.16	101.34	417.91	−316.57
2014	8 858.37	2 689.30	1.04	92.01	415.83	−323.82
2015	8 949.12	2 978.89	1.33	117.82	289.59	−171.78
2016	9 092.62	3 194.72	1.25	111.86	215.83	−103.97

注：(1)承包地和流转面积数据均来源于农业农村部。(2)2017 年农地流转率只有年中数据，与当年城镇化率不匹配，因而未纳入分析。(3)供需差额＝理论新增供给量－实际新增需求量。

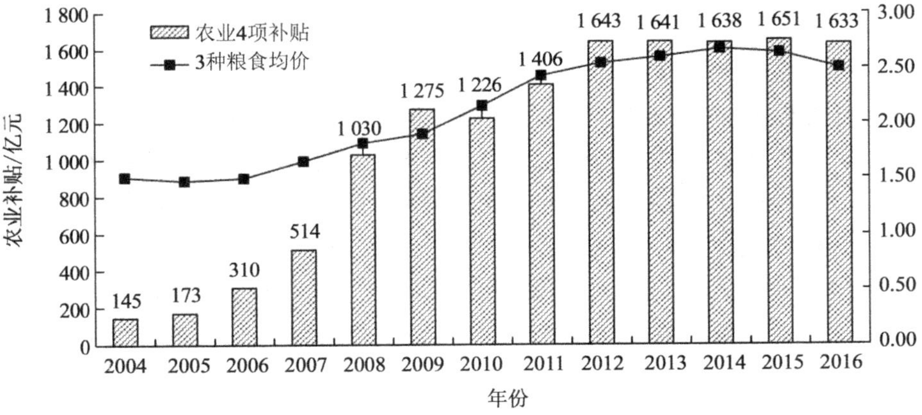

图 6-3　2004—2016 年我国农业补贴与粮食价格变化情况

二、农地市场供需关系在空间上的变化

通过上文分析，我们发现，我国农地流转需求在 2008 年后呈现爆发性增长，从而在短期内拉动了农地流转价格的上涨，那么农地流转需求的快速增长与我国农

地流转价格空间分化的不断缩小之间有何内在关系呢？为此，我们根据农业农村部2009—2016年全国农村经营管理统计数据在ArcGIS10.1绘制了2009年、2016年各省（自治区/直辖市）农地流转率分布图（图6-4），并对2009年、2016年全国农地流转率情况进行了描述性统计分析（表6-4）。

从图6-4和表6-4中可以看出，2009年我国绝大部分省份的农地流转率在20.00%以下，全国平均农地流转率为12.00%；最大值为55.27%，位于上海；最小值为2.33%，位于海南。农地流转率≤10%的省份有15个，分别为吉林、辽宁、河北、山西、山东、河南、陕西、宁夏、甘肃、青海、湖北、云南、贵州、广西和海南；农地流转率在10%～20%的省份有7个，分别是天津、内蒙古、新疆、四川、安徽、江西和福建；农地流转率在20%～30%的省份有4个，分别为黑龙江、江苏、湖南和广东；农地流转率在30%～40%的省份有2个，分别为浙江和重庆；农地流转率>40%的省份仅2个，位于北京和上海。到了2016年，我国绝大部分省份的农地流转率均有大幅度提升，全国平均流转率上升到35.14%，整体上涨23.14个百分点；最大值为74.80%，位于上海；最小值为6.53%，仍位于海南。农地流转率≤10%的省份仅有海南1个；农地流转率10%～20%的省份减少为3个，分别是山西、新疆和云南；农地流转率在20%～30%的省份增加到7个，分别为陕西、宁夏、甘肃、青海、广东、广西和贵州；农地流转率在20%～30%的省份增加到11个，分别为吉林、辽宁、内蒙古、河北、山东、河南、四川、湖北、湖南、江西、福建；农地流转率>40%的省份增加到8个，分别是北京、上海、天津、重庆、江苏、浙江、安徽和黑龙江。总的来看，2009年我国农地流转率分布呈现明显的“金字塔”结构，农地流转率>30%的省份仅有4个，且主要分布在东部沿海发达地区，广大中西部省份的农地轮流转率均在20%以下。到了2016年，我国农地流转率分布呈现出“倒金字塔”结构，农地流转率>30%的省份到达了19个，较2009年多了15个省份，而≤20%的省份仅有4个。通过对比分析发现，这些增幅较大的省份主要位于我国粮食主产区，在2009—2016年期间，粮食主产区农地流转率平均增幅为26.44%，而非粮食主产区为15.84%，前者比后者高出10.61个百分点。

表6-4　2009年、2016年我国农地流转率描述性统计

年份	样本量/个	平均值/%	最大值/%	最小值/%	中位数/%	3/4位数/%
2009	30	12.00	55.27	2.33	10.09	20.26
2016	30	35.14	74.80	6.53	33.03	43.18

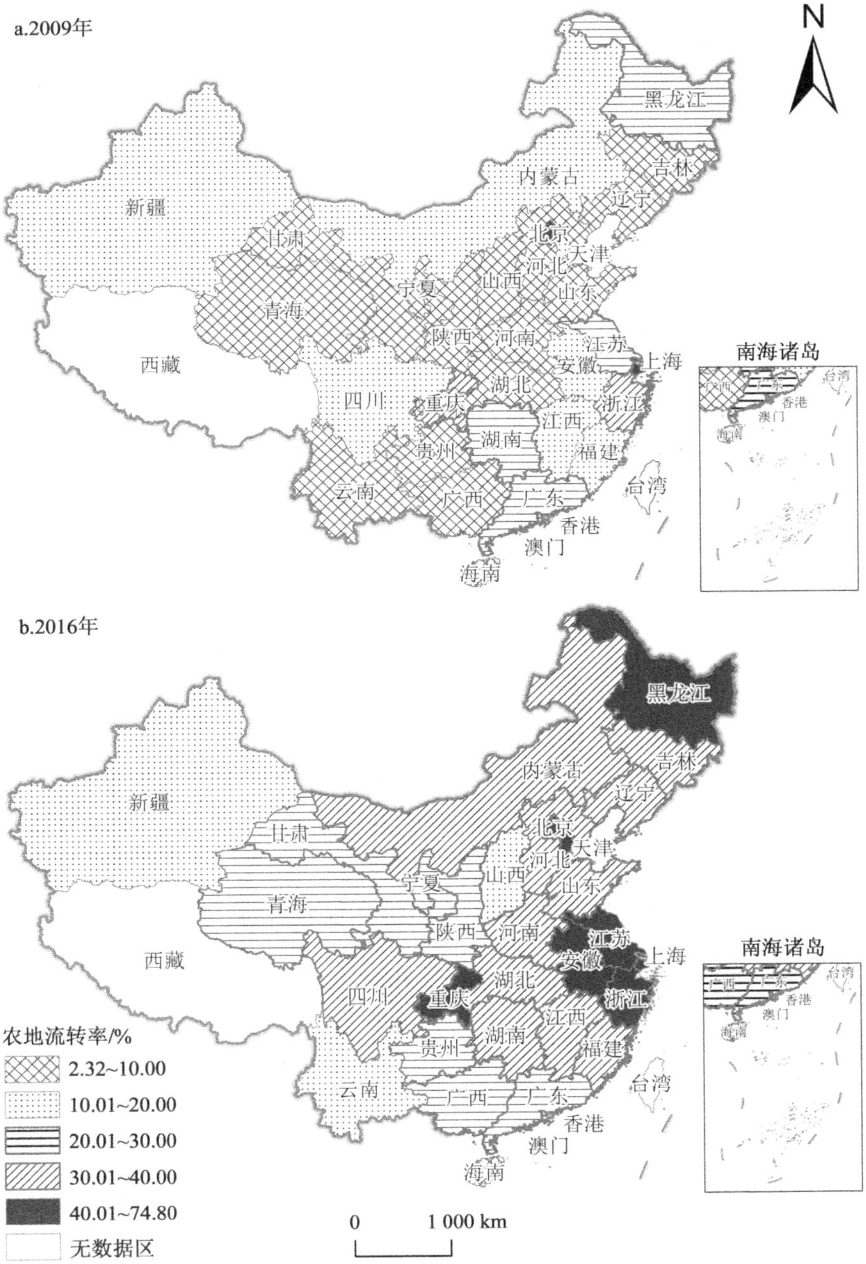

图 6-4　2009 年、2016 年我国农地流转率分布情况

为了进一步剖析我国农地流转需求的空间变化趋势，我们分别利用 OpenGeoDa 和 Excel2016 软件计算了 2009—2016 年我国农地流转率莫兰指数和变异系数，计算结果如图 6-5 所示。从图中可以看出，我国农地流转率的莫兰指数在 2009—2016 年间呈逐渐上升趋势，从 2009 年的 0.25 上升至 2016 年的 0.39，说明我国农地流转率在区域间具有明显的空间溢出效应，即流转率高的地区对周边省份具有显著的辐射带动作用。同时，从变异系数的变化趋势来看，在 2009—2016 年间我国农地流转率的变异系数呈现不断下降的趋势，从 2009 年的 0.86 降低至 2016 年的 0.40，说明我国农地流转率的区域差异被迅速缩小，存在需求“拉平效应”。为了进一步分析这种“拉平效应”对农地流转价格的影响，我们利用 OLS 回归模型对 2009—2016 年农地流转增长率与农地流转价格增长率进行定量分析，结果表明，农地流转价格增长率＝0.28＋1.37×农地流转规模增长率，R^2＝0.36，回归系数在 0.05 水平上显著，说明农地流转需求的扩张速度对农地流转价格的增长具有显著的正向影响，即农地流转率增长越快的省份，其农地流转价格上涨幅度越大。

综上可知，在农地流转市场发育早期，我国农地流转需求两极分化比较明显，除少数东部发达省份农地流转需求较高外，大部分省份的农地流转需求都很低(≤20%)，但随着我国农业规模化经营的快速扩张，各省的农地需求差异被迅速拉平，由此导致前期流转率较低的省份在短期内实现了农地流转价格的快速上涨，从而缩小了农地流转价格在区域间的差异。这便是我国农地流转价格空间分化逐渐缩小的内在逻辑。值得特别说明的是，在 2009—2016 年这一轮农地流转规模快速扩张中，粮食主产区表现尤为突出，其流转价格增幅平均为 60.07%，而非粮食主产区流转价格增幅为 52.00%，前者高出后者 8.07 个百分点。

三、农地市场供需关系在结构上的变化

通过第六章第二节的分析我们知道，农地流转价格的结构分化呈现逐渐缩小趋势，且发现这种趋势的缩小主要是由于粮食作物流转价格的快速上涨导致的。那么为何粮食作物农地流转价格的增速会快于经济作物呢？这一节我们将继续从供需关系视角来讨论这个问题。需要说明的是，由于我国现阶段对流转农地在农业用途下的用途管制相对较少，各类流转用途的供给数据难以具体测度，因而本节侧重从用地需求角度来考量不同用途流转价格的变动关系；同时，鉴于目前尚无各年度不同用途的流转面积数据，我们考虑采用各年农作物播种面积变化情况来定

性测度2004—2017年不同作物的用地需求，并在定性分析基础上采用格兰杰因果检验分析用地需求变化的内在原因，以期更深入地揭示农地流转价格结构分化趋势的内在逻辑。

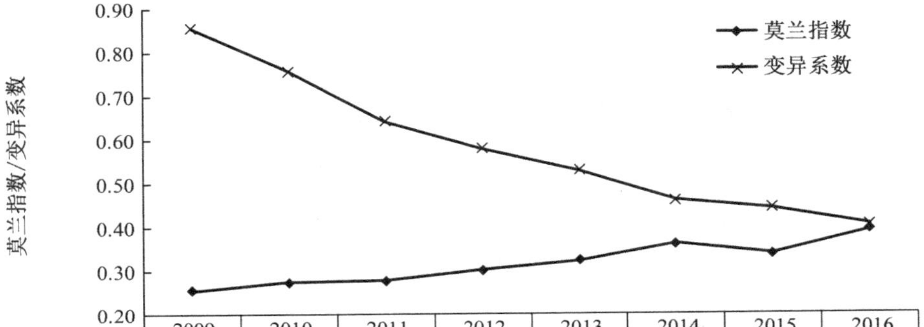

	2009	2010	2011	2012	2013	2014	2015	2016
莫兰指数	0.25	0.27	0.28	0.30	0.32	0.36	0.34	0.39
变异系数	0.86	0.76	0.64	0.58	0.53	0.46	0.44	0.40

图6-5　2009—2016年我国农地流转率的莫兰指数和变异系数

(一)不同作物的用地需求分析

为了定性测度不同作物用途的用地需求，我们根据《中国统计年鉴》(2005—2018年)中的农作物播种面积数据制作了2004—2017年主要农作物播种面积变化图(图6-6)和占比变化表(表6-5)。

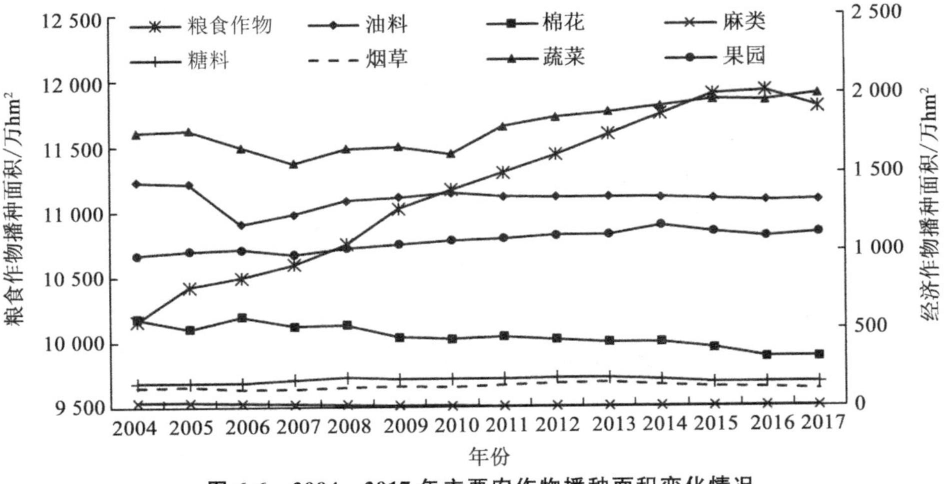

图6-6　2004—2017年主要农作物播种面积变化情况

表 6-5 2004—2017 年主要农作物播种面积占比情况 %

年份	粮食作物	普通经济作物					高附加值经济作物		其他
		油料	棉花	麻类	糖料	烟叶	药材	蔬菜、瓜类	
2004	66.17	9.40	3.71	0.22	1.02	0.82	0.84	12.83	4.99
2005	67.06	9.20	3.26	0.22	1.01	0.88	0.78	12.81	4.78
2006	68.98	7.72	3.82	0.19	1.03	0.78	0.55	12.41	4.52
2007	68.84	7.37	3.86	0.17	1.17	0.76	0.63	12.76	4.44
2008	68.34	8.22	3.68	0.14	1.27	0.85	0.76	12.88	3.86
2009	68.70	8.61	3.12	0.10	1.19	0.88	0.74	13.08	3.58
2010	68.38	8.64	3.02	0.08	1.19	0.84	0.77	13.32	3.76
2011	68.15	8.54	3.10	0.07	1.20	0.90	0.85	13.57	3.62
2012	68.06	8.52	2.87	0.06	1.24	0.98	0.95	13.93	3.39
2013	68.01	8.51	2.64	0.06	1.21	0.99	1.11	14.18	3.29
2014	68.13	8.49	2.55	0.05	1.15	0.88	1.20	14.45	3.10
2015	71.31	7.98	2.26	0.03	0.94	0.76	1.12	13.07	2.53
2016	71.42	7.90	1.92	0.03	0.93	0.72	1.16	12.98	2.94
2017	70.94	7.95	1.92	0.04	0.93	0.68	1.30	13.28	2.96

从粮食作物与经济作物播种面积变化趋势来看：①在 2004—2017 年期间，我国粮食作物播种面积除 2017 年有所下降外，其余年份均呈逐年上涨态势，从 2004 年的 10 160.60 万 hm^2 快速增长至 2016 年的 11 923.00 万 hm^2。②经济作物在 2004—2017 年期间出现明显的分化现象，其中，油料、棉花、麻类、糖料、烟草等普通经济作物的播种面积总体呈下降趋势，期间 5 类作物播种面积分别减少 −120.77 万、−249.79 万、−27.41 万、−13.46 万和 −2.21 万 hm^2；而蔬菜、果树等高附加值经济作物的播种面积则呈上升趋势，在 2004—2017 年期间蔬菜播种面积增加 242.06 万 hm^2，增幅 13.78%；果树播种面积增加 136.78 万 hm^2，增幅 14.00%。从各类作物播种面积增加值来看，粮食作物是蔬菜的 6.77 倍，是果树的 11.98 倍。由此可见，在 2004—2017 年期间，粮食作物和高附加值经济作物的用地需求都有所增加，但粮食作物的用地需求要远高于蔬菜、果树等经济作物；而普通经济作物的用地需求明显下降。

从粮食作物和经济作物播种面积增速来看，在 2004—2017 年期间，粮食作物播种面积的年均增速为 1.16%，油料为 −0.67%，棉花为 −4.35%，糖类为 −0.11%，蔬菜为 1.00%、果树为 1.01%，说明粮食作物播种面积增速总体快于经济作物。

从粮食作物和经济作物播种面积占比情况来看，在2004—2017年期间，粮食作物播种面积占比从2004年的66.17%增加至2017年的70.94%，播种面积占比增加4.77%；而在经济作物中，除药材、蔬菜、瓜类等高附加值经济作物播种面积略有增加外，普通经济作物占比总体下降。其中，蔬菜、瓜类的播种面积从2004年的12.83%增加至2017年的13.28%，占比增加0.45%。

综上可知，在2004—2017年间，我国普通经济作物的播种面积整体下降，高附加值经济作物的播种面积有小幅度上升，而粮食作物的播种面积则呈现快速增长特征，无论在播种面积增幅上，还是在增速上均高于高附加值经济作物，说明粮食作物的用地需求要明显高于经济作物。

(二)用地需求变化的驱动力分析

上文对粮食作物和经济作物的用地需求进行了定性分析，但我们仍希望进一步了解这种需求变化的内在原因。为此，我们结合第二章理论分析内容，考虑从经济因素和政策因素两方面建立指标，并采用格兰杰因果检验法来探究农地流转需求变化的内在原因。在经济因素方面，我们选择GDP和城镇化率(Urban)来表征经济和城市发展对农地的引致性需求；在政策因素方面，由于粮食价格保护政策和农业4项补贴主要针对粮食作物，且两者的数据不平稳(第三、四节已经检验)，因此，我们仅选择农地流转规模(transfer)来表征政策因素对农地需求的影响。鉴于经济作物种类较多，而我们重点关注粮食作物(grain)与高附加值经济作物间的价格关系，因此经济作物中仅选取蔬菜(vegetable)、果树(fruit)两种作为代表。同时，为减小数据非平稳性对计量分析的干扰，所有指标均采用增长率来表示。根据计量分析要求，在对两个时间序列数据进行格兰杰因果检验前，必须先对时间序列数据进行平稳性检验(通常采用ADF单位根检验)，具体结果见表6-6。

表6-6　ADF单位根检验结果

变量(增长率)	变量代码	*ADF* 统计量	*P* 值	结果
粮食播种面积	Grain	−1.83	0.07	平稳
蔬菜播种面积	Vegetable	−3.09	0.01	平稳
果园播种面积	Fruit	−3.55	0.00	平稳
GDP	GDP	−6.34	0.00	平稳
城镇化率	Urban	−3.10	0.05	平稳
农地流转规模	Transfer	−28.21	0.00	平稳

平稳性检验结果表明7个变量均满足0.1水平以上显著性，从而具备进行格兰杰因果检验条件。我们利用 Eviews 8.0 对7个变量进行格兰杰因果检验，具体结果见表6-7。

表 6-7 经济、政策因素与农作物播种面积的格兰杰因果检验结果

原假设	观测值	F 统计量	P 值	结论
GDP 不是 Grain 的格兰杰原因	12	1.20	0.30	接受
Grain 不是 GDP 的格兰杰原因		1.54	0.25	接受
Urban 不是 Grain 的格兰杰原因	12	0.88	0.37	接受
Grain 不是 Urban 的格兰杰原因		0.74	0.41	接受
Transfer 不是 Grain 的格兰杰原因	12	7.55	0.02	**拒绝**
Grain 不是 Transfer 的格兰杰原因		0.33	0.58	接受
GDP 不是 Vegetable 的格兰杰原因	12	0.04	0.85	接受
Vegetable 不是 GDP 的格兰杰原因		0.13	0.73	接受
Urban 不是 Vegetable 的格兰杰原因	12	0.13	0.73	接受
Vegetable 不是 Urban 的格兰杰原因		1.65	0.23	接受
Transfer 不是 Vegetable 的格兰杰原因	12	0.65	0.44	接受
Vegetable 不是 Transfer 的格兰杰原因		2.90	0.12	接受
GDP 不是 Fruit 的格兰杰原因	12	0.26	0.62	接受
Fruit 不是 GDP 的格兰杰原因		1.62	0.23	接受
Urban 不是 Fruit 的格兰杰原因	12	0.35	0.57	接受
Fruit 不是 Urban 的格兰杰原因		3.50	0.09	**拒绝**
Transfer 不是 Fruit 的格兰杰原因	12	2.22	0.17	接受
Fruit 不是 Transfer 的格兰杰原因		1.77	0.22	接受

格兰杰因果检验结果表明，经济因素(GDP、城镇化率)均不是粮食作物与经济作物播种面积变化的格兰杰原因。政策因素(农地流转规模)对经济作物播种面积的统计结果也没有通过统计检验，表明政策因素对经济作物播种面积的影响不显著。但是政策因素(农地流转规模)与粮食作物的格兰杰因果检验结果在0.05水平下拒绝原假设，表明农地规模化政策的实施显著地促进了粮食播种面积的增加，也就是说，农业政策因素显著地拉动了粮食作物的用地需求。

综合(一)和(二)的分析，我们可以得出以下结论：自2004年实施农业补贴和粮食最低收购价政策以来，粮食作物用地需求在短期内实现了快速回升，特别是

2008年后我国开始推进农地流转和规模化经营以来，这种用地需求被进一步放大，从而导致粮食作物农地流转价格快速上涨。由于我国农业补贴政策和价格托底政策主要针对粮食作物，因而这些政策的实施对经济作物用地需求的影响相对较小。由于农地的供给弹性有限，而需求弹性较大，因而在这种差异化的用地需求下，粮食作物流转价格的增速必然快于经济作物，从而使两者间的流转价格差异日益减小，这就是农地流转价格结构分化不断缩小的内在逻辑。

第四节　本章小结

本章以时间为主轴对农地流转价格的空间分化和结构分化趋势进行了分析，并从供需关系的视角审视了农地流转价格分化的内在逻辑。主要结论如下。

(1)从农地流转价格分化趋势来看，伴随农地流转价格在2004—2017年间的快速攀升，我国农地流转价格的空间分化和结构分化呈现不断缩小的态势。

(2)从供需关系的时间变化来看，自2004年我国实施农业利好政策以来，农地流转市场很快从前期的“供过于求”转变为“供不应求”。特别是2008年以后，在农业规模化政策激励和地方政府的直接推动下，农地流转需求在短期内被迅速放大，由此导致我国农地流转价格在时间分化后期出现了快速上涨。这便是我国农地流转价格在短期内迅速攀升的内在逻辑。

(3)从供需关系的空间变化来看，在农地流转市场发育早期，我国农地流转需求两极分化比较明显，但随着我国农业规模化经营的快速扩张，各省的农地需求差异被迅速拉平，由此导致前期流转率较低的省份在短期内实现了农地流转价格的快速上涨，从而缩小了农地流转价格在区域间的差异。这便是我国农地流转价格空间分化呈缩小趋势的内在逻辑。

(4)从供需关系的结构变化来看，受2004年以来我国农业利好政策影响，我国粮食作物播种面积在短期内实现快速回升，无论在播种面积增幅上，还是在播种面积增速上均明显高于经济作物。受粮食作物用地需求快速增长的影响，其农地流转价格增速明显快于经济作物，由此导致粮食作物与经济作物之间的价差不断减小。这便是农地流转价格结构分化逐渐缩小的内在逻辑。

第七章　我国农地流转价格分化对粮食生产成本的影响

在对农地流转价格的分化特征与机制进行静态和动态分析后，本研究还将进一步讨论我国农地流转价格分化对农业生产的影响，以期为测度农地资本化程度和调控农地流转价格提供实证参考。鉴于粮食安全在农业生产中的重要性，本部分侧重从国家粮食安全的视角全面审视农地流转价格分化对粮食生产成本的影响。具体来讲，本章将基于统计年鉴数据和实地调研数据，通过测算农地流转价格（后简称“土地成本”）在粮食生产成本和收益中的占比情况，从时间、空间、结构 3 方面系统分析农地流转价格分化对我国粮食生产的影响。测度指标用物质与服务费用占比、人工成本占比、土地成本占比、土地产值占比和成本利润率来表征。其中，物质与服务费用占比是指物质与服务费用与单位面积生产总成本之比；人工成本占比是指人工成本与单位面积生产总成本之比；土地成本占比是指地租与单位面积生产总成本之比；土地产值占比是指地租与单位面积生产总值之比；成本利润率为纯收益与单位面积生产总成本之比。

第一节　农地流转价格时间分化对粮食生产成本的影响

本节拟以 3 种粮食成本收益数据为基础，揭示土地成本占比在 1978—2017 年的变化趋势。鉴于无法获取这之前各时期公开市场上的农地流转价格数据，因此本节所用到的数据主要来源于《全国农产品成本收益资料汇编》（以下简称《资料汇编》）。需要说明的是，虽然《资料汇编》中的土地成本较正常市场价格偏低，但这并不妨碍我们对土地要素占比趋势的总体判断。生产成本包括物质与服务费用、人工成本和土地成本 3 项。其中，物质与服务费用主要包括种子、化肥、农药、农膜、机械作业、排灌等费用；人工成本主要由家庭用工成本构成[①]；土地成本即地租。经

① 人工成本包含家庭用工成本和雇工成本。目前，在以家庭为单位的粮食生产中，雇工成本占比很低，因此人工成本主要为家庭用工成本。

计算,1978—2017 年 3 种粮食生产成本占比、地租产值占比和成本利润率情况如表 7-1 所示。为方便分析,我们将表 7-1 中的 5 项指标进行了可视化表达,如图 7-1 所示。

表 7-1 1978—2017 年 3 种粮食生产要素占比及利润率变化情况 %

年份	物质与服务费用占比	人工成本占比	土地成本占比	地租产值占比	成本利润率
1978	50.42	45.75	3.83	3.98	−3.74
1985	56.81	35.84	7.35	4.74	55.34
1988	57.61	35.45	6.94	4.63	49.90
1990	58.33	35.11	6.56	4.70	39.37
1991	55.80	36.95	7.25	5.93	22.30
1992	54.72	37.86	7.42	5.85	26.86
1993	55.69	36.28	8.03	5.29	51.70
1994	59.50	32.17	8.33	4.63	79.68
1995	55.42	36.07	8.51	5.02	69.59
1996	52.14	39.18	8.68	6.19	40.05
1997	52.47	39.63	7.90	6.20	27.30
1998	50.96	35.43	13.61	11.28	20.66
1999	51.99	34.65	13.36	12.50	6.90
2000	48.65	37.08	14.27	13.30	7.27
2001	48.20	38.63	13.17	10.91	20.72
2002	47.39	37.49	15.12	13.60	11.21
2003	47.37	36.96	15.67	12.82	22.25
2004	50.61	35.72	13.67	9.13	49.69
2005	49.79	35.62	14.59	11.33	28.84
2006	50.52	34.14	15.34	11.38	34.83
2007	49.86	33.17	16.97	12.25	38.49
2008	51.17	31.12	17.71	13.30	33.14
2009	49.53	31.38	19.09	14.46	32.04
2010	46.46	33.73	19.81	14.81	33.77
2011	45.30	35.77	18.93	14.37	31.70
2012	42.53	39.72	17.75	15.04	17.98
2013	40.45	41.87	17.68	16.50	7.11
2014	39.11	41.80	19.09	17.09	11.68
2015	39.00	41.03	19.97	19.63	1.79
2016	39.28	40.40	20.32	21.93	−7.34
2017	40.42	39.65	19.93	20.17	−1.16

注:为了保持数据的连贯性和可比性,2006 年前的成本中剔除了农业税费。

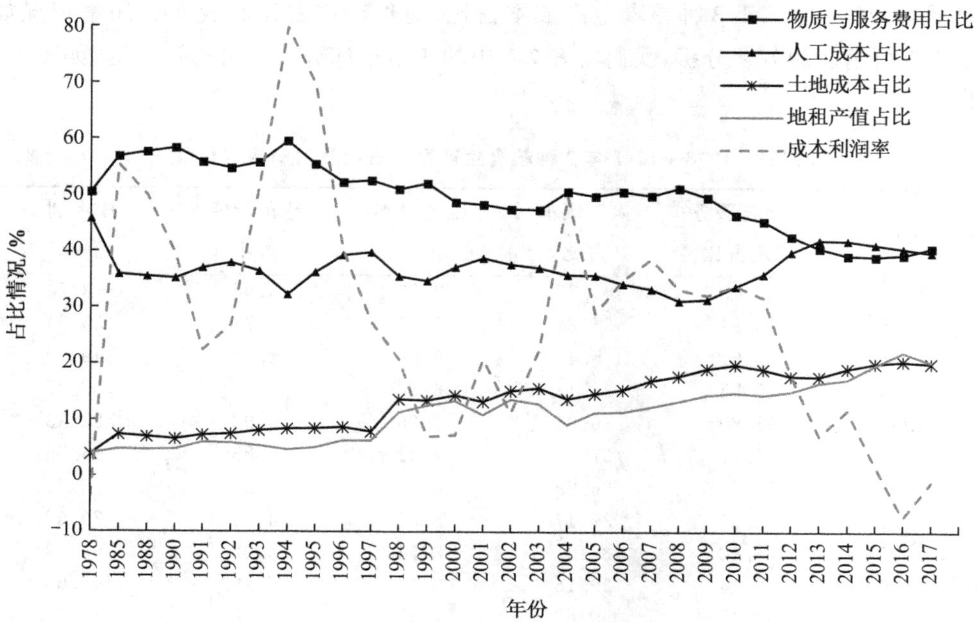

图 7-1　1978—2017 年 3 种粮食生产要素占比及利润率变化情况

结合表 7-1 和图 7-1 可知。

(1)从 3 种粮食生产成本的占比情况来看,物质与服务费用占比＞人工成本占比＞土地成本占比。就 1978—2017 年的平均水平而言,物质与服务费用占比为 49.60％,人工成本占比为 36.96％,土地成本占比为 13.44％。

(2)从 5 条曲线的变化趋势来看:①物质与服务费用占比总体呈逐年下降趋势,1978 年物质与服务费用占比为 50.42％,2017 年为 40.42％,39 年间正好下降 10％。②人工成本在 39 年间虽有小幅波动,但占比总体在 36％上下波动,2017 年占比较 1978 年下降 6.1％。③土地成本在 39 年间总体呈逐年上涨趋势,1978 年土地成本占比仅为 3.83％,2017 年土地成本占比已达到 19.93％,39 年间占比增长 5.2 倍。④地租产值占比与土地成本占比总体呈平行趋势,在绝大部分年份略低于土地成本占比,2015 年 2 条曲线相交,之后地租产值占比开始高于土地成本占比。⑤成本利润率总体呈现波动下降趋势,39 年间存在 3 个明显的周期,即 1978—1991 年、1992—2002 年和 2003—2017 年。在最近一个周期内,存在一个 2005—2011 年的相对稳定期,之后成本利润率开始急转直下,2015 年后成本利润率开始由正转负。

(3)从土地成本占比和地租产值占比的变化趋势看，两者的变化趋势与农地流转价格的变化趋势高度一致，两者与农地流转价格的相关系数分别达到 0.87 和 0.92。从时间分化的角度看，两者可划分为 1978—1997 年、1998—2004 年、2005—2014 年、2015 年以后 4 个阶段：①1978—1997 年为土地成本较低的阶段，这一时期随着农地价值的不断显化，土地成本占比开始逐渐增加，但总体水平较低，平均为 7.34%。②1998—2004 年为土地成本占比稳定阶段，受 20 世纪 90 年代中期粮食流通体制改革的影响，土地成本在 1998 年出现了阶段性抬升，从 1997 年的 7.90%上涨至 1998 年的 13.61%，此后保持了长达 7 年的稳定态势，土地成本始终保持在 14%左右。③2005—2014 年为我国土地成本快速上涨阶段，土地成本占比从 2005 年的 14.59%快速增至 2014 年的 19.09%，平均每年增长 0.5 个百分点。④2015 年后土地成本占比再次趋于稳定，总体保持在 20%水平上。

综上可知，在 1978—2017 年间，我国粮食生产的物质与服务费用占比整体下降，人工成本占比总体稳定，而土地成本呈逐年上升态势。特别是 2004 年以来，土地成本增速明显快于物质与服务费用和人工成本，不断挤压粮食生产利润。2015 年后粮食生产利润开始由正转负，地租侵蚀利润现象比较明显。

第二节 农地流转价格空间分化对粮食生产成本的影响

通过上一章分析可知，受区域间农地需求“拉平效应”的影响，我国农地流转价格区域间的差距逐渐减小，尤其是粮食主产区的增幅更为明显。那么农地流转价格空间分化缩小后会对我国粮食生产造成怎样的影响呢？为此，本节将基于国土资源部和中国土地政策与法律研究中心的全国农地流转价格调查数据，以省为单元，测度粮食作物土地成本①在生产成本和总产值中的比重，以及在此价格水平下的成本利润率，以期为当前粮食生产风险评估提供经验参考。其中，除土地成本外，各省粮食生产成本收益数据均来自《全国农产品成本收益资料汇编》。各省的种植制度及复种类型参考《农用地质量分等规程》(GBT 28407—2012)表 B2“全国

① 粮食作物土地成本以各省调研样本中种粮用途农地流转价格的样本平均值核计。

省(区、市)标准耕作制度速查表”。鉴于部分省份种植制度和复种类型多样,考虑到数据可获得性,仅选取典型类型进行分析(表 7-2)。当复种类型为一年一季时,各种主要粮食作物的成本收益按作物播种面积进行加权平均。需要说明的是,调查中发现,以家庭为单位的粮食生产主体在核算成本收益时通常不计算家庭用工成本。为了全面、真实地反映土地成本占比情况,我们在此区分含人工成本和不含人工成本两种情况分别进行分析。

表 7-2 各省(自治区/直辖市)主要种植制度和复种类型

省份	主要种植制度	复种类型	省份	主要种植制度	复种类型
河北	小麦-玉米	一年二熟	湖南	早稻-晚稻	一年二熟
山西	小麦/玉米	一年一熟	广东	早稻-晚稻	一年二熟
内蒙古	小麦/玉米	一年一熟	广西	早稻-晚稻	一年二熟
辽宁	玉米/水稻	一年一熟	海南	早稻-晚稻	一年二熟
吉林	玉米/水稻/大豆	一年一熟	重庆	小麦-水稻	一年二熟
黑龙江	玉米/水稻/大豆	一年一熟	四川	小麦-水稻	一年二熟
江苏	小麦/水稻	一年二熟	贵州	小麦-玉米	一年二熟
浙江	早稻-晚稻	一年二熟	云南	小麦-玉米	一年二熟
安徽	小麦-玉米	一年二熟	陕西	小麦-玉米	一年二熟
福建	早稻-晚稻	一年二熟	甘肃	小麦/玉米	一年一熟
江西	早稻-晚稻	一年二熟	青海	油菜	一年一熟
山东	小麦-玉米	一年二熟	宁夏	小麦/玉米	一年一熟
河南	小麦-玉米	一年二熟	新疆	小麦/玉米/棉花	一年一熟
湖北	小麦-水稻	一年二熟			

一、含人工成本时的土地成本占比分析

当成本包含人工成本时,各要素成本占比及生产利润情况如表 7-3 所示,从表 7-3 中可以看出下面几种情况。

(1)土地成本占比最大值为 42.00%,最小值为 14.71%,平均为 24.61%。整体来看,土地成本占比接近 1/4。其中,土地成本占比前 5 名为黑龙江(42.00%)、辽宁(37.70%)、吉林(33.53%)、江苏(32.20%)、新疆(30.33%),主要分布在北方粮食主产区。土地成本占比后 5 名为福建(17.30%)、湖南(16.75%)、陕西(16.21%)、云南(14.79%)、贵州(14.71%),主要位于长江以南地区。

(2)地租产值占比最大值为52.80%，最小值为16.15%，平均值为31.35%。整体来看，地租产值占比超过30%，并超过土地成本占比近7个百分点，说明在含人工成本的情况下，以当前平均农地流转价格从事粮食生产，将普遍出现亏损现象。其中，地租产值占比前5名为黑龙江(52.80%)、辽宁(51.78%)、青海(48.81%)、吉林(45.52%)、甘肃(43.37%)，主要分布在东北和西北地区；地租产值占比后5名为湖北(19.72%)、浙江(19.55%)、福建(19.47%)、江西(19.01%)、湖南(16.15%)，均位于南方地区，说明地租产值占比总体上呈现北高南低的态势。

(3)成本利润率最大值为13.38%，最小值为−51.64%，平均值为−18.27%，整体处于亏损状态。其中，成本利润率前5名为浙江(13.38%)、湖北(7.20%)、安徽(6.77%)、江西(6.30%)、江苏(5.87%)，除浙江外，均为我国南方粮食主产区；成本利润率后5名为海南(−30.66%)、青海(−46.12%)、云南(−46.43%)、贵州(−47.78%)、甘肃(−51.64%)，均为我国非粮食主产区，说明在包含人工成本的情况下，非粮食主产区通过农地流转从事粮食生产将出现较明显的亏损。

表7-3　各省粮食生产要素占比及利润率变化情况　　%

地区	成本占比情况			地租产值占比	成本利润率
	物质与服务费用	人工成本	土地成本		
河北	36.52	37.11	26.37	30.53	−13.62
山西	31.61	40.58	27.81	39.14	−28.95
内蒙古	42.24	28.53	29.23	35.63	−17.98
辽宁	32.48	29.82	37.70	51.78	−27.20
吉林	32.61	33.86	33.53	45.52	−26.34
黑龙江	34.45	23.55	42.00	52.80	−20.46
江苏	40.20	27.60	32.20	30.42	5.87
浙江	50.01	27.83	22.16	19.55	13.38
安徽	42.26	30.76	26.98	25.27	6.77
福建	30.97	51.73	17.30	19.47	−11.14
江西	44.09	35.70	20.21	19.01	6.30
山东	38.95	34.48	26.57	31.13	−14.65
河南	38.25	32.06	29.69	36.33	−18.27
湖北	44.14	34.73	21.13	19.72	7.20
湖南	44.72	38.53	16.75	16.15	3.73
广东	38.47	39.72	21.81	24.09	−9.49
广西	38.33	42.75	18.92	20.87	−9.33
海南	38.76	37.44	23.80	34.32	−30.66

续表7-3

地区	成本占比情况			地租产值占比	成本利润率
	物质与服务费用	人工成本	土地成本		
重庆	23.65	55.51	20.84	28.77	−27.55
四川	23.48	56.89	19.63	26.20	−25.08
贵州	21.42	63.87	14.71	28.18	−47.78
云南	22.98	62.23	14.79	27.60	−46.43
陕西	32.06	51.73	16.21	23.28	−30.37
甘肃	28.02	51.00	20.98	43.37	−51.64
青海	16.30	57.40	26.30	48.81	−46.12
宁夏	35.93	37.62	26.45	35.92	−26.35
新疆	43.53	26.14	30.33	32.64	−7.08
最大值	50.01	63.87	42.00	52.80	13.38
最小值	16.30	23.55	14.71	16.15	−51.64
平均值	35.05	40.34	24.61	31.35	−18.27

为了直观显示含人工成本情况下土地成本占比和成本利润的空间布局情况，本研究在 ArcGIS10.1 中将各省土地成本占比（图 7-2）、地租产值占比（图 7-3）和粮食生产利润率（图 7-4）进行可视化处理。从图 7-2 可以看出，我国土地成本占比呈现北高南低态势，土地成本占比大于 25％的地区大部分位于北方。其中，东北三省最高，土地成本占比接近 40.00％；其次是黄淮海地区，土地成本占比接近 30.00％；另外山西、内蒙古、宁夏、新疆、青海 5 省（自治区）的均值也达到了 28.02％。总体而言，南方地区土地成本占比相对较低，平均为 20.80％。从图 7-3 可以看出，我国地租产值占比亦呈现北高南低态势。地租产值占比大于 30％的省份绝大部分位于北方。其中，东北三省、甘肃、青海占比最高，平均地租产值占比为 48.46％；黄淮海地区、山西、内蒙古、宁夏、新疆、海南次之，平均地租产值占比约为 34.01％。南方地区总体较低，除海南、江苏外，平均地租产值占比约为 22.91％。从图 7-4 可以看出，虽然我国绝大部分地区粮食生产成本利润率为负值，但总体呈现南高北低态势。成本利润率最高地区集中分布在长江流域中下游地区，包括湖北、湖南、江西、安徽、江苏、浙江 6 省，除浙江外，均为我国粮食主产区，成本利润率平均为 7.21％；其次是福建、广东、广西、山东、河北、河南、内蒙古、新疆 8 省（自治区），平均为 −12.70％。甘肃、青海、云南、贵州 4 省成本利润率最低，平均为 −47.99％；其余 9 省的平均成本利润率为 −27.00％。

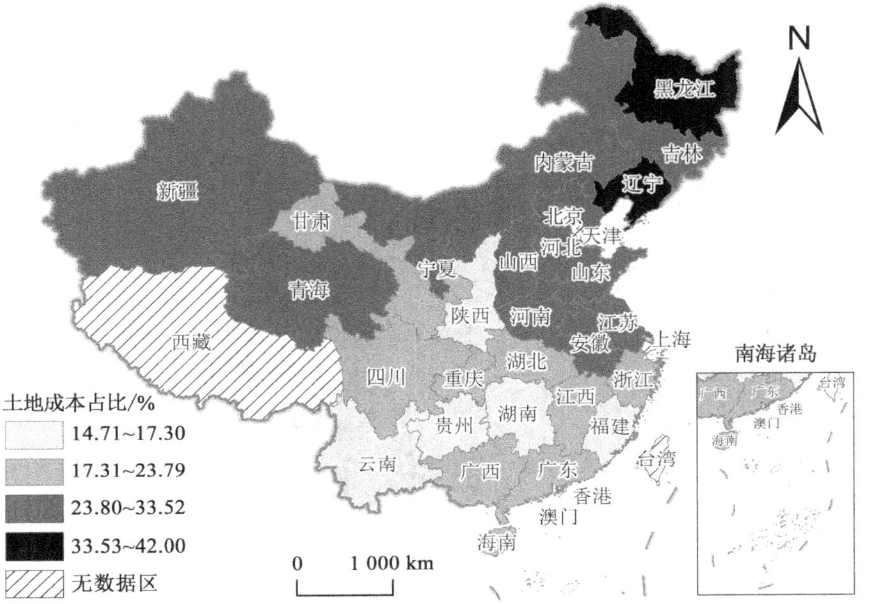

图 7-2　我国粮食生产土地成本占比分布情况(含人工成本)

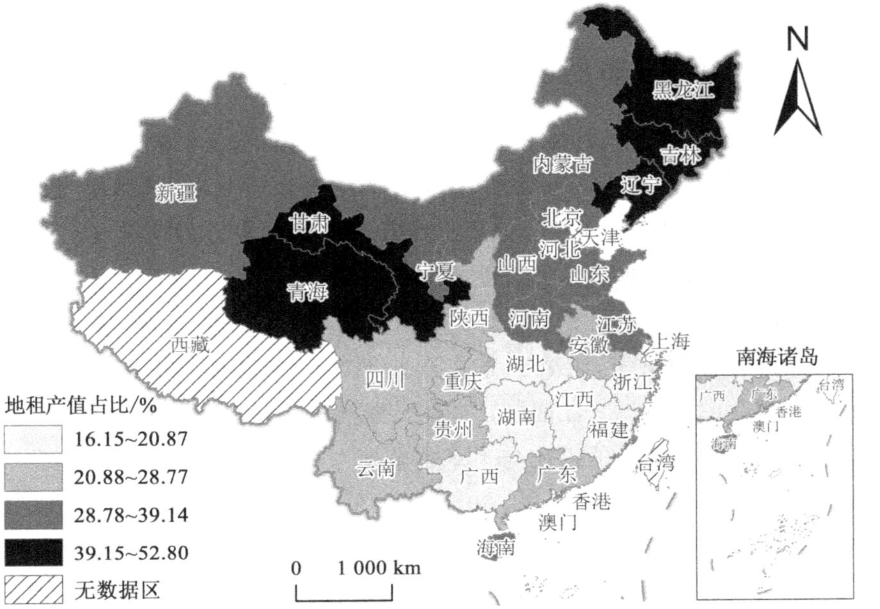

图 7-3　我国粮食生产地租产值占比分布情况

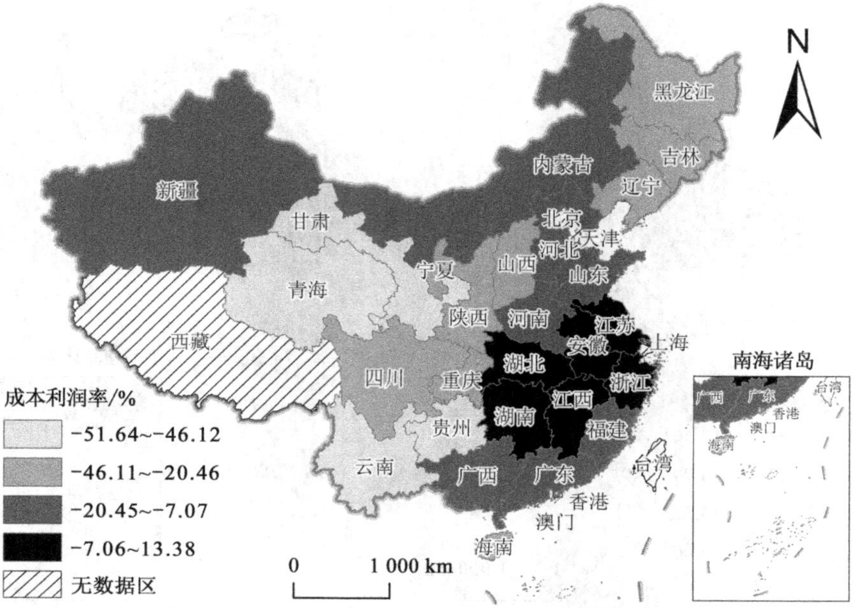

图 7-4　我国粮食生产成本利润率分布情况(含人工成本)

二、不含人工成本时的土地成本占比分析

当成本不含人工成本时，显性成本占比及生产利润情况如表 7-4 所示，从表中可以看出：①从粮食生产的两项显性成本的平均占比情况来看，物质与服务费用(58.69%)＞土地成本(41.31%)。②土地成本占比最大值为 61.73%，最小值为 27.25%。整体来看，土地成本占显性成本的比例超过 40%。其中，土地成本占比前 5 名为青海(61.73%)、黑龙江(54.94%)、辽宁(53.72%)、吉林(50.70%)、重庆(46.85%)，除青海和重庆，主要分布在东北地区。土地成本占比后 5 名为广西(33.05%)、湖北(32.39%)、江西(31.43%)、浙江(30.71%)、湖南(27.25%)，均属我国南方省份。③地租产值占比与本章本节第一部分相同，不再赘述。④成本利润率最大值 84.11%，最小值为－1.30%，平均值为 38.41%，说明在不计人工成本的情况下，绝大部分省份粮食生产利润率为正值。其中，成本利润率前 5 名为福建(84.11%)、四川(73.79%)、湖南(68.76%)、江西(65.32%)、湖北(64.23%)，除福建外，均为南方粮食主产区；成本利润率后 5 名为吉林(11.37%)、海南(10.84%)、

黑龙江(4.04%)、辽宁(3.74%)、甘肃(－1.30%),表明部分粮食主产省份即便在不计人工成本的情况下,以流转方式从事粮食生产的利润率也很低,甚至为负。

表 7-4　各省粮食生产显性成本占比及利润情况　　%

地区	显性成本占比情况		地租产值率	成本利润率
	物质与服务费用	土地成本		
河北	58.07	41.93	30.53	37.35
山西	53.19	46.81	39.14	19.58
内蒙古	59.11	40.89	35.63	14.76
辽宁	46.28	53.72	51.78	3.74
吉林	49.30	50.70	45.52	11.37
黑龙江	45.06	54.94	52.80	4.04
江苏	55.52	44.48	30.42	46.23
浙江	69.29	30.71	19.55	57.10
安徽	61.04	38.96	25.27	54.21
福建	64.16	35.84	19.47	84.11
江西	68.57	31.43	19.01	65.32
山东	59.45	40.55	31.13	30.27
河南	56.30	43.70	36.33	20.30
湖北	67.61	32.39	19.72	64.23
湖南	72.75	27.25	16.15	68.76
广东	63.83	36.17	24.09	50.14
广西	66.95	33.05	20.87	58.36
海南	61.96	38.04	34.32	10.84
重庆	53.15	46.85	28.77	62.83
四川	54.46	45.54	26.20	73.79
贵州	59.28	40.72	28.18	44.52
云南	60.85	39.15	27.60	41.84
陕西	66.42	33.58	23.28	44.25
甘肃	57.19	42.81	43.37	－1.30
青海	38.27	61.73	48.81	26.47
宁夏	57.59	42.41	35.92	18.07
新疆	58.93	41.07	32.64	25.81
最大值	72.75	27.25	52.80	84.11
最小值	38.27	61.73	16.15	－1.30
平均值	58.69	41.31	31.35	38.41

为了直观地显示不含人工成本情况下土地成本占比和成本利润的空间布局情况，本研究在 ArcGIS10.1 中将各省土地成本占比(图 7-5)和粮食生产利润率(图 7-6)进行可视化处理。从图 7-5 可以看出，在不含人工成本情况下，我国土地成本占比也呈现北高南低态势，土地成本占比大于 40%的省份多数位于我国北方。其中青海、黑龙江、辽宁、吉林 4 省最高，土地成本占比平均达到 55.27%；其次是重庆、山西、四川、江苏、河南、甘肃、宁夏、河北 8 省(自治区/直辖市)，平均为 44.32%；再次是新疆、内蒙古、贵州、山东、云南、安徽、海南、广东、福建 9 省(自治区)，土地成本占比平均为 39.04%；陕西、广西、湖北、江西、浙江、湖南 6 省最低，土地成本占比平均为 31.40%。总体而言北方地区和西北地区的土地成本占比较高，前者平均为 46.65%，后者平均为 44.32%；而南方地区土地成本占比相对较低，平均为 37.19%，在不含人工成本的情况下，北方和西北地区的土地成本分别高出南方 9.47 和 7.13 个百分点。从图 7-6 中可以看出，在不含人工成本情况下，我国绝大部分省份的粮食生产利润率为正值，并呈现出明显的南高北低态势。成本利润率的高值区和次高值区集中分布在长江流域。南方地区的成本利润率平均为 55.88%，而北方地区和西北地区的成本利润率总体较低，前者平均为 17.68%，后者平均为 22.66%。

综上所述，我国粮食作物的土地成本占比和地租产值占比在空间上均呈现“北高南低”态势，而成本利润率却呈现“南高北低”态势。平均来看，在含人工成本的情况下，我国粮食生产土地成本占比为 24.61%，该值不仅远超同为发展中国家的巴西(12.98%)，也明显高于土地资本化程度较高的欧盟(8.00%)和美国(21.88%)；而从地租产值占比来看，这种差距则更为明显，我国粮食生产地租产值比为 31.35%，而巴西为 16.92%，欧盟为 8.81%，美国为 21.00%，远超世界粮食主产国平均水平①。从这一点来看，我国粮食生产不仅在物质和服务投入方面占比低于国际粮食主产国，而且在土地成本方面还远高于国际粮食主产国，因而势必降低我国农业国际竞争力。同时，由于我国粮食主产区 80%分布于北方地区，因而北方过高的土地成本占比无疑会对我国粮食安全构成潜在风险。

① 巴西的土地成本占比和地租产值占比数据系通过 2014 年巴西玉米成本收益数据计算得到。美国的土地成本占比和地租产值占比数据来源于 2014 年美国 3 种粮食成本收益统计数据。欧盟的土地成本和地租产值占比来源于 2012 年欧盟委员会数据。

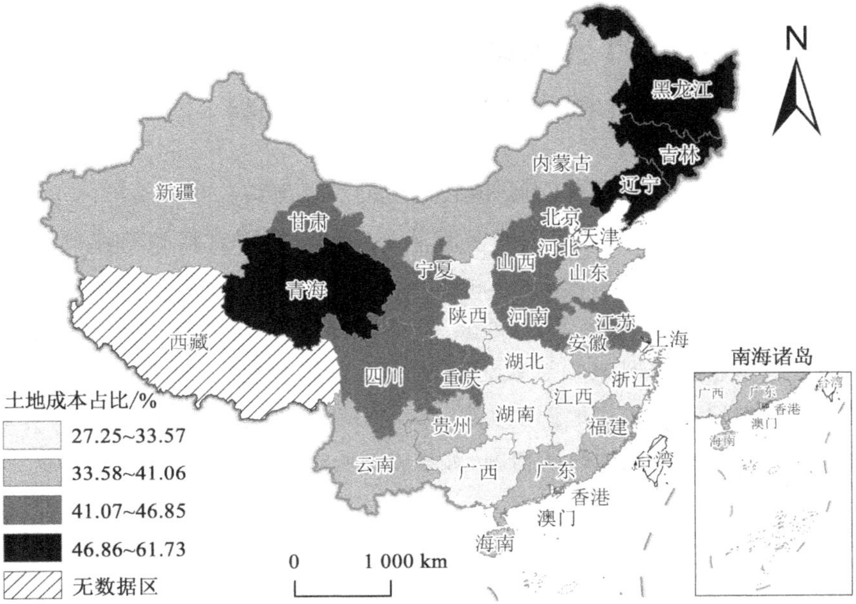

图 7-5　我国粮食生产土地成本占比分布情况(不含人工成本)

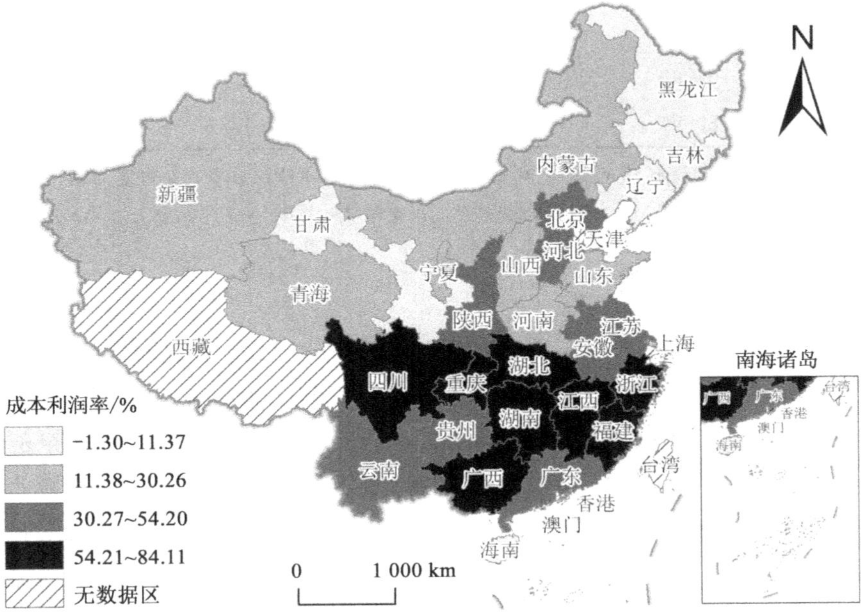

图 7-6　我国粮食生产成本利润率分布情况(不含人工成本)

第三节　农地流转价格结构分化对粮食生产成本的影响

通过上一章分析我们发现，不同流转用途的农地流转价格在2004—2017年间存在不断缩小的趋势，且这种结构差异的缩小主要是由粮食作物农地流转价格快速上涨导致的。那么农地流转价格结构分化的缩小会对粮食生产带来怎样的影响呢？为此，我们以黄淮海地区5省（河北、江苏、安徽、山东、河南）为例，通过测度不同流转用途成本收益情况来揭示农地流转价格结构分化的缩小对粮食生产的影响。根据黄淮海地区5省实地调研数据，我们分别统计了粮食作物、经济作物、养殖用途和非农用途下的成本收益情况，如表7-5所示。

表7-5　不同流转用途的成本收益情况　　元/hm^2

流转用途	农地流转价格均值/（元/hm^2）	总收入/（元/hm^2）	总成本/（元/hm^2）	土地成本占比/%	地租产值占比/%	成本利润率/%
粮食作物	9 280.50	28 220.99	23 809.21	38.98	32.89	18.53
经济作物	12 810.30	110 926.64	60 906.22	21.03	11.55	82.13
养殖用途	16 794.90	207 874.77	155 949.03	10.77	8.08	33.30
非农用途	29 180.94	412 609.38	298 587.19	9.77	7.07	38.19

注：(1)黄淮海地区共计调研3 136个有效样本，由于部分样本缺少成本收益数据，此表中的样本量（2 376个）要小于总样本量；(2)粮食作物和经济作物的调查样本绝大部分都没有核算人工成本，因而表中的总成本仅为显性成本。

通过表7-5我们可以发现：

(1)从农地流转价格排序来看，非农用途（29 180.94）＞养殖用途（16 794.90）＞经济作物（12 810.30）＞粮食作物（9 280.50），但从土地成本占比排序来看，占比情况却正好相反，呈现粮食作物（38.98%）＞经济作物（21.03%）＞养殖用途（10.77%）＞非农用途（9.77%）的变化趋势。这是由于粮食作物的生产要素投入水平要明显低于非粮用途和非农用途导致的。据统计，粮食作物的总投入仅为经济作物的39.09%，养殖用途的15.27%，非农用途的7.97%。因此，即便农地流转价格相对较低，但其在总成本中的占比也会更高。

(2)从地租产值占比排序来看，其顺序与土地成本占比一致，呈现出粮食作物

(32.89%)＞经济作物(11.55%)＞养殖用途(8.08%)＞非农用途(7.07%)的变化趋势。不同流转用途地租产值占比的差异实际上是其收益水平差异的客观反映。从4类流转用途总收入来看，非农用途的收入水平最高，为412 609.38元/hm^2，其次是养殖用途207 874.77元/hm^2，再次是经济作物110 926.64元/hm^2，粮食作物的收入水平最低，仅为28 220.99元/hm^2。若以粮食作物为标的进行比较，我们可以发现，在农地流转价格上，粮食作物为经济作物的72.45%，养殖用途的55.26%，非农用途的31.80%；而在总收入上，粮食作物仅为经济作物的25.44%，养殖用途的13.58%，非农用途的6.84%，说明粮食作物与其他流转用途在土地成本上的差距明显低于其在收入水平上的差距。

(3)从成本利润率排序来看，经济作物(82.13%)＞非农用途(38.19%)＞养殖用途(33.30%)＞粮食作物(18.53%)，表面上看，粮食作物的成本利润率为正，与上一节分析结论不符，同时经济作物的利润率最高，达到了82.13%。这里需要进行一下说明，这是由于在全国实地调研过程中，粮食作物和经济作物大都没有核算人工成本的缘故，若算上人工成本，粮食作物与经济作物的成本利润率应该低于目前水平。即便不考虑人工成本，我们仍然可以看出，非粮用途和非农用途的成本利润率明显高于粮食作物。

综上可知，由于粮食作物的生产要素投入水平和产值水平均远低于非粮用途和非农用途，因而农地流转价格的结构分化不断缩小时，农地流转价格对粮食生产成本的推高，以及对生产利润的侵蚀便尤为明显。

第四节　本章小结

通过本章分析，主要结论如下。

(1)从时间分化的角度看，1978—2017年间粮食生产3项成本呈现出“物质与服务费用占比不断下降，人工成本占比相对稳定，土地成本占比快速上升”的趋势，且土地成本占比的变化趋势与农地流转价格分化趋势高度契合，总体可分为4个阶段，即1978—1997年的占比较低阶段、1998—2004年的占比稳定阶段、2005—2014年的占比快速增长阶段和2015年后的占比高位平稳阶段。

(2)从空间分化的角度看，我国粮食作物的土地成本占比和地租产值占比在空间上均呈现“北高南低”态势，而成本利润率却呈现“南高北低”态势。平均来看，在含人工成本的情况下，我国粮食生产土地成本占比为 24.61％，该值不仅远超同为发展中国家的巴西（12.98％），也明显高于土地资本化程度较高的欧盟（8.00％）和美国（21.88％），而从地租产值占比来看，这种差距则更为明显，我国粮食生产地租产值占比为 31.35％，而巴西为 16.92％，欧盟为 8.81％，美国为 21.00％，远超世界粮食主产国平均水平 。由于我国粮食主产区 80％分布于北方地区，因此，北方过高的土地成本占比无疑会对我国粮食安全构成潜在风险。

（3）从结构分化的角度看，由于粮食作物的土地成本占比和地租产值占比高于其他 3 种流转用途，同时其产值水平低于非粮用途和非农用途，因而当农地流转价格上涨时，其对粮食生产成本的推高，以及对粮食生产利润的侵蚀便尤为明显。

第八章　结论与讨论

第一节　结　　论

本研究在对农地流转价格分化的表征与本质进行理论探讨的基础上，从时间、空间和结构3个维度系统分析了我国农地流转价格分化的特征、机制与效应。主要结论如下。

(1)我国农地流转价格的时间分化研究表明：①改革开放以来，我国农地流转价格存在1978—1997年、1998—2004年、2005—2014年和2015年以后4个明显的分化阶段。在1978—1997年的逐步显化期，随着我国农地流转市场从禁止到开放，农地的商品属性初步显现，但这一阶段的农地流转价格以实物地租和超低价为特点。在1998—2004年的平稳发展期，受20世纪90年代中期粮食流通体制改革影响，我国农地流转价格在1998年出现了阶段性抬升，此后保持了长达6年的相对平稳状态。在2005—2014年的高速增长期，随着农业4项补贴、最低粮食收购价政策、取消农业税和农业规模化经营等政策的实施，我国农地流转价格从2005年开始进入了一个长达10年的高速增长期，年均增速达到了14.14%。在2015年后的增速放缓期，随着粮食价格天花板的下降和成本地板的抬升，农业生产利润急剧下降，由此导致农地流转价格增速放缓，甚至止涨转跌。②时间分化机制研究发现，我国农地流转价格的时间分化主要受政策因素影响，农业补贴政策和农产品价格政策均对农地流转价格有显著的正向作用；而宏观经济因素对农地流转价格影响不显著，两者不存在长期均衡关系。

(2)我国农地流转价格的空间分化研究表明：①在全局空间特征上，我国农地流转价格呈现出“东西向递减、南北向U形”的分布格局；2009和2017年的莫兰指数分别为0.27和0.44，且通过了统计检验，说明农地流转价格在省域间存在显著的“高高-低低”聚类特征；同时，莫兰指数在2009—2017年明显上升，说明农地流转价格的空间外溢性增强。②在局部空间特征上，2009年我国农地流转价格的高值区和次高值区集中分布在首都、长三角和珠三角地区，整个农地流转价格分布呈现出“金字塔”结构；但到了 2017 年，我国农地流转价格分布格局发生逆转，呈现“倒金字塔”结构，高值区域明显增多，拓展到整个黄淮海地区以及除贵州以外的南方省份。③空间分化机制研究表明，我国农地流转价格在宏观上受到农地质量条件和农地区位因素的共同制约，但以农地区位因素占据主导地位，且随着农地流转市场的发展，农地区位因素在强化，而农地质量条件存在弱化趋势。

(3)我国农地流转价格结构分化研究表明：①农地流转价格在流转用途和流转主体上均存在显著的结构分化特征。在不同用途上，各类用途均有不同的价格分布区间，在价格水平上存在非农用途＞养殖用途＞经济作物＞粮食作物的分化趋势，且相比种粮用途，非粮用途和非农用途的流转价格落在低值区间的概率依次减小，而落在高值区间的概率依次增加。在不同流转主体上，各类主体也具有不同的价格分布区间，在价格水平上呈现农业企业＞合作社＞专业大户/家庭农场＞普通农户的趋势，且相比普通农户，新型农业经营主体的流转价格落在低值区间的概率依次减小，而落在高值区间的概率依次增加。②结构分化机制分析表明，不同流转用途收益水平的差异是其流转价格分化的根本原因。而不同流转主体的价格分化并非由同一用途经营收益的差距导致的，而更多体现为不同流转主体在流转用途上的差异。具体而言，普通农户流转农地主要用于种植粮食，而新型农业经营主体流转后主要用于非粮化，乃至非农化用途。由于后者的收益水平较高，因而新型农业经营主体可承受的流转价格会明显高于普通农户。由此可见，不同流转主体的流转价格差异在很大程度上仍是不同流转用途价格差异的体现。

(4)我国农地流转价格的分化趋势研究表明：①随着近年来我国农地流转价格的快速增长，农地流转价格的空间分化和结构分化呈现逐渐缩小趋势。②通过供需关系的分析发现，这一缩小趋势主要受到政策因素影响。具体而言，2004 年后，受多项惠农政策影响，我国农地需求逐渐回升，特别是 2008 年全面推进农业规模化经营以来，农地需求被迅速放大并远超同期理论新增供给量，从而造成我国农地流转价格在短期内出现快速上涨。同时，农业规模化的快速推进对我国区域间的农地需求产生了“拉平效应”，各地农地流转率的差异在极短的时间内迅速缩小，造成前期低流转率省份的农地流转价格被快速拉升，进而导致我国农地流转价格的空间分化逐渐减小。由于 2004 年以来的惠农政策多针对粮食作物，因而粮食作物农地流转价格的上涨较经济作物更为明显，进而导致农地流转价格的结构分化呈现不断缩小的趋势。以上便是我国农地流转价格分化逐渐缩小的内在逻辑。

(5)农地流转价格分化对粮食生产成本的效应分析表明:①在时间上,1978—2017年粮食生产成本呈现出“物质与服务费用占比不断下降,人工成本占比相对稳定,土地成本占比快速上升”的趋势,且土地成本占比的变化趋势与农地流转价格分化趋势高度契合。随着我国农地流转价格的快速上涨,我国粮食生产利润被不断挤压,目前已全面为负。②在空间上,我国粮食作物的土地成本占比和地租产值占比均呈现“北高南低”态势,而成本利润率却呈现“南高北低”态势。由于我国粮食主产区80%分布于北方地区,因而北方过高的土地成本势必对我国粮食安全构成潜在风险。③在结构上,由于土地成本在粮食生产成本和产值中的占比明显高于非粮用途和非农用途,而其产值水平又低于后者,因而当农地流转价格上涨时,其对粮食生产成本的推高,以及对生产利润的侵蚀则更为明显。

第二节　建　　议

(1)警惕农地过度资本化的危害,适时适度调控地租过快上涨。参考朱道林《土地增值收益分配悖论:理论、实践与改革》中的观点[166],本研究将农地过度资本化定义为农地交易主体在农地流转过程中,为追逐增值收益而脱离种粮用途的资本化过程,其直观表现为土地成本超过农业生产或粮食生产所能承担的合理的地租水平。纵观世界主要粮食生产国土地成本占比情况,欧盟为8.00%,美国为21.88%,巴西为12.98%,而我国的土地成本占比达到24.61%①,不但远超同为发展中国家的巴西,而且也明显高于土地资本化程度较高的美国。若以2017年各省粮食作物平均农地流转价格计算,在核计人工成本的情况下,生产利润率为−18.27%,粮食生产将出现明显亏损。由此可见,我国当前农地流转价格水平已明显超出了粮食生产所能承担的合理地租水平,客观上反映出我国已经出现了土地过度资本化的现象。若不加以控制,势必对我国粮食安全带来潜在风险。

(2)统筹农业补贴和规模化经营的政策目标,防范政策偏离带来的负面效应。通过本研究发现,农业补贴的实施,一方面推动了农业规模化经营的快速发展,另一方面也推高了农地流转价格。根据微观经济学原理,在实施政策补贴时,价格弹

① 鉴于统计年鉴中的土地成本数据明显偏低,这里的土地成本占比是以2017年全国实地调查样本中粮食作物平均流转价格占粮食生产总成本的比重核计。

性小的一方从补贴中获益的程度更大。由于土地供给缺乏弹性,补贴政策产生的“负税效应”,使得转出方获得了大部分补贴收益,并将补贴迅速转化为地租,推高农地流转价格。因而,农业补贴,特别是流转补贴的实施,非但不能减轻农业经营主体的成本负担,反而成为转出方不劳而获的寻租工具,扭曲了土地要素价格。通过第六章的研究我们可以发现,正是在政策激励和政府推动下,我国农地需求在短期内被迅速放大。由于农地供给弹性小,因而在需求快速拉动下,农地流转价格在短期内出现大幅上涨,并迅速挤压农业生产利润。从这个意义上讲,依靠农业补贴和行政推动的规模经营,很多时候是违背市场规律的,其实质是政府未能理清政府职能与市场作用的边界,盲目依靠行政手段追求短期目标的越位行为。因此,长期来看,政府应尽快调整依靠农业补贴或行政力直接干预农地市场的行为,而应将精力更多地放在加强农田基础设施建设、农业科技推广服务、农村金融支持和农业风险防范等市场“缺位”的公共管理领域。唯有政府在农地流转市场中切实做到“到位不越位,补位不缺位”,才能保障我国农业适度规模经营有序健康发展。

(3)应遵循我国农地流转价格空间分化的客观规律,避免盲目的价格攀比。由于我国农地流转信息平台建设滞后,制约了国内学者对农地流转价格进行长时间跨度、大空间尺度的宏观分析,以至于人们对当前一些似是而非的观点缺乏总体判断。如近年来一些记者、学者基于小尺度的农户调研和非正式的流转价格数据分析,认为当地农地流转价格较之东部地区偏低,站在道德理性立场认为农民利益受损,呼吁提高农地流转价格。在此言论影响下,部分欠发达地区的农民对农地流转的价格预期不断上升,一些中西部地区的流转主体分别通过各种方式抬高农地流转价格,最终导致政府财政不堪重负、企业经营难以为继、农民租金付诸东流的几家皆输的局面。通过本研究可知,我国流转价格在空间上呈现出明显的自东向西递减态势,且这种分布格局客观上受到区位经济因素和耕地质量条件的共同制约,因此,在看待一个地区农地流转价格高低时,不能脱离农地质量和区位条件这两个基准面因素而与沿海发达地区的流转价格进行盲目攀比,否则非但不能维护农民利益,反而会加剧农业经营风险。

(4)加强用途管制,防范“非粮化”,禁止“非农化”。近年来,随着国家对农业产业化和土地适度规模经营的鼓励,工商资本下乡租赁农地的情况越来越多。据农业农村部统计资料显示,流入企业的农地已达到 309.17 万 hm^2,约占全国农地流转总面积的 10%,部分省份已超过 20%。从实际运行来看,工商资本进入农业有利也有弊：一方面工商资本可以带来资金、技术和先进的经营管理模式，加快传统农业改造和现代农业建设；但另一方面工商资本长时间、大面积流转农地，容易挤压当地农户种粮的利润空间，加剧耕地“非粮化”“非农化”倾向，隐患很多。受资本逐利本性的影响，工商资本下乡流转农地，其主要目的是为了实现利润最大化，而在当前粮食作物收益比较低的情况下，工商资本从事粮食种植的比例相当低。根据本文第五章第四节的研究发现，工商资本在农地流转后用于粮食种植的比例仅为5.74%，大部分用于种植经济作物(63.93%)，甚至有接近1/4的农地用于非农用途。因此，为防范工商资本“非粮化”“非农化”风险，一方面要鼓励和引导工商资本到农村发展适合企业化经营的现代种养业，重点从事农产品加工流通业和农业社会化服务；另一方面要加强流转农地的用途管制，适度限制“非粮化”，坚决制止“非农化”，切实保障国家粮食安全。

(5)尽快建立覆盖全国的农地流转价格动态监测体系并将农地流转价格纳入统计范畴。虽然截至2017年底我国农地流转率已达到37%，但我国农地流转价格动态监测体系，以及涉及农地流转价格方面的统计制度却始终没有建立起来，严重滞后于实践发展和现实需求。众所周知，价格是市场供需关系变化的指示器，对传递市场信息、调节市场供求以及合理配置农地资源具有极其重要的意义。环比世界主要发达国家(如美国、日本等)，很多都建立起了比较完备的农地价格监测系统及相应的统计制度，这对促进当地农地市场的健康发展无疑具有积极的作用。反观我国，农地流转价格数据的缺失，不仅制约了我国农地流转价格研究的开展，而且导致决策层、理论界和实际工作者对我国农地流转价格状况长期缺乏客观的认识。建立农地流转价格数据采集体系及统计制度，不仅有利于实时掌握农地流转市场动态，宏观调控农地流转价格，而且对科学制定农业发展政策、促进农地流转市场健康有序发展，乃至防范粮食安全风险均有十分重大的意义。因此，建立覆盖全国的农地流转价格监测系统，并完善农地流转价格统计制度是一项意义重大且十分紧迫的任务。

第三节　创　新　点

本研究的创新点主要体现在以下两个方面。

(1)提出了农地流转价格分化研究的理论框架。本研究通过对相关学科的理论梳理,从“时间—空间—结构”3个维度构建了农地流转价格分化的理论框架,分析了农地流转价格分化的表征与本质,并利用供需分析法和边际分析法,从基本面因素、宏观经济因素、制度与政策因素、微观交易因素4方面对农地流转价格分化予以了理论解释,丰富了农地流转价格方面的理论研究。

(2)本研究在理论分析基础上,基于大量的统计资料和调研数据,对我国农地流转价格分化的特征、机制和效应进行了系统多维的实证分析,构建了农地流转价格分化相关分析框架,测度了我国农地流转价格分化的时空演化及其对国家粮食安全和农业可持续发展的影响。同时,本研究弥补了我国农地流转价格在全国宏观尺度研究上的空白,对当前我国农地三权分置制度的改革,不断完善农地经营权的市场化政策具有一定的参考价值。

第四节 讨 论

(1)由于我国在农地流转价格方面既无专门的统计资料也缺乏相应的信息公布平台,导致农地流转价格数据缺口很大。在这种情况下开展全国层面的农地流转价格研究显然是极其困难的。为此,本书在研究中综合采用了多种数据来源来支撑全国层面的农地流转价格分析。其中,在农地流转价格的时间分化部分采用了《全国农产品成本收益资料汇编》中的土地成本数据;在农地流转价格的空间分化部分采用了国土资源部与中国土地政策与法律研究中心的全国调研数据(含实地调研数据和网络调研数据);在农地流转价格的结构分化部分采用了国土资源部与中国土地政策与法律研究中心在黄淮海5省的实地调研数据。虽然各部分数据口径的确存在差异,但这并不影响本研究对农地流转价格分化规律的揭示。同时,考虑到《资料汇编》中土地成本折价水平较低,且国土资源部与中国土地政策与法律研究中心的全国调研均由具备专业资质的土地估价师和经过专业培训的在校大学生构成,其数据可信度高、现实性强,比较接近真实市场价格,因此除涉及时间分化研究部分外,其余部分均以调研数据为支撑,从而保证了本书在多章节中的数据口径总体一致。

(2)我国农地流转价格的时间分化研究是以《全国农产品成本收益资料汇编》中3种粮食土地成本数据为基础开展的。虽然该数据能在一定程度上帮助我们分析我国农地流转价格的变化轨迹,但仍存在两点明显不足:第一,《资料汇编》的土地成本是围绕全体样本农户展开的，其中包含大量自耕农样本，其经营耕地为家庭承包地，土地成本折价水平较低，因而该数据并未真实反映正常市场价水平；第二，该数据更多反映的是粮食作物的地租变化轨迹，因而与我国农地流转价格的整体变化趋势可能存在一定的偏差。

(3)我国农地流转价格的空间分化研究是以国土资源部和中国土地政策与法律研究中心的全国调研数据开展的。虽然该数据总量达到 27 124 个，但空间分布却不均匀，部分欠发达省份无论是在样本覆盖度还是在样本量上仍显不足，特别是 2009 年数据主要来源于部分科研团队和政府官方指导价等间接数据，因而难免存在一定的误差。

(4)由于我国对农地农用下的具体经营类型管制相对宽松，因而很难具体测度不同流转用途下的农地供给数据，加之土地的供给弹性较小，因而在分析农地市场供需关系的结构变化时，我们更多是从需求侧去考察的。同时，在分析农地流转价格分化趋势的内在逻辑时，更多采用的是定性分析方法，定量的实证分析有待进一步加强。

致谢

四年光阴，弹指一挥间。收到博士录取通知书那一刻的欣喜，仿佛还在昨日，转眼间我已经在提笔撰写毕业论文的致谢。凌晨四点，万籁俱静，回想农大四年的求学生涯，导师的栽培、老师的教育、同门的帮助、同学的关心、朋友的关怀、家人的支持，一幕一幕在脑海中浮现，感恩之情激荡心中。

首先要感谢并致敬的是我的恩师朱道林教授。能够成为朱道林教授的博士生是我莫大的荣幸。犹记得四年前我刚入师门时，地理信息系统背景的我对土地经济研究还是懵懵懂懂，对诸如土地增值收益分配、土地资本化等土地经济学的基本概念都是一知半解。如今作为一名土地资源管理专业毕业的博士，我不仅熟练掌握了本专业的相关核心理论知识，而且通过朱老师提供的多方面项目锻炼，极大地提升了综合运用专业知识分析和解决实际问题的能力。朱老师将我这张“白纸”绘制成“蓝图”，他在期间的付出是难以想象的。我曾固执地坚持自己长期以来形成的“就数据论数据”的思维方式，却很少从实践和理论出发去思考真正的科学问题。为此，朱老师耗费了大量心血才将一个缺乏“理论逻辑”的我，逐渐掰回到科研的“正道”上。在将近一年的时间里，朱老师综合应用了“拍桌子”“敲警钟”“提问题”的方式，不断在我灵魂深处闹革命，用响鼓重锤的策略唤醒一个科研路上的“梦中人”。从那时起，我开始痛定思痛，暂时放下了手中论文，潜心学习经济学和公共管理学的基础理论，并定期向朱老师请教学习，方才有了如今的博士论文。若没有朱老师高屋建瓴的点拨和不厌其烦的指导，论文工作无论如何都不可能取得当前的进展。

朱老师不仅教会我科学的思维方式、正确的研究方法、前沿的思想理念，更是手把手地教我许多待人接物与为人处世的道理。还记得四年前的我，徒有干事创业的激情，而缺乏谋定后动的思考，因而在入师门的头两年走过弯路，绕过远路，有过科研层面“缺乏理论依据”的急于求成，有过项目层面“被别人牵着鼻子走”的被动局面，更有过处事层面“宽严皆误”的深刻教训，朱老师不但对我的以上种种及时地“拨乱反正”，还以他的智慧和权威为我化解了诸多未知的风险和伤害。现在回想四年来朱老师双鬓新增的白发，真不知道有多少是为我这个“闹心的孩子”操心出来的。借此机会再次向朱老师致敬，祝愿老师健健康康，平平安安！

在此，请允许我同时感谢另一位恩师——中国人民大学社会与人口学院的刘爽教授。2014 年一次偶然的机会让我结识了刘老师，从此开启了我们长达 5 年的师生情缘。多年来，刘老师一直在关心、支持、鼓励着我，我的点滴成长和进步无不渗透着刘老师殷切的期望。虽然我并未从师于她，但她却一直把我当成自己的学生，像亲人一样关照我在北京的学习、生活和工作。谢谢您，刘老师！

四年的成长与进步，离不开土地资源管理系、自然资源部农用地质量与监控重点实验室、中国土地政策与法律研究中心各位老师的教诲和帮助，我能顺利完成学业，这与你们的教育和指导密不可分。感谢甘藏春教授、张凤荣教授、郝晋珉教授、刘黎明教授、郧文聚研究员、孙丹峰教授、孔祥斌教授、安萍莉教授、王数教授、许月卿副教授、徐艳副教授、艾东副教授、段增强副教授、高阳副教授为我提供了良好的学习环境和氛围。感谢段文技副教授在论文修改中给予的宝贵建议；感谢王健副教授在四年的科研探索中为我指点迷津，用经济学的理论帮助我开拓研究思路；感谢伦飞副教授平时的关心和帮助以及在论文答辩送审期间的辛苦忙碌。在此，我要向诸位老师深深地鞠上一躬。

此外，特别要感谢在百忙之中参与论文评审和答辩的各位专家、教授，以及在早期农地流转价格数据方面提供无私援助的穆松林副研究员。在此，向你们道一声“辛苦了！”。

优秀的导师造就优秀的师门。在我读博的四年，朱师门下弟子换了一茬又一茬，更迭的是成员，不变的是“门风”。在朱师门，无论是师兄师姐，还是师弟师妹都有太多值得我学习的地方。如果说朱师门像一座百花齐放的大观园，那么我就是里面一只幸运的小蜜蜂，不断地吸取群芳精华。感谢沈飞、耿槟、张晓平、韩德军、林瑞瑞、瞿理铜、郧宛琪等师兄师姐，你们对我学习上的关心和帮助，我将常记于心。特别要感谢谢保鹏师兄在我博士前半程中对我的言传身教，使我从初学乍练的小师弟迅速成长为独当一面的大师兄；感谢徐思超师姐给予我的思想开导，让我在博一、博二那些不安的日子里感受到从容的力量；感谢张立新师姐对我全方位的照顾，从西安到北京，从西北农林科技大学到中国农业大学，在6年的共同求学道路中，你不仅在学习、工作方面给我以诸多启发，更是带着我在跌跌撞撞中成长进步；感谢宋洋师弟在日常生活中给予的大量协助，你的多才多艺为寂寞的科研生活平添了一抹春色；感谢程建师弟在课题研究中给予的全力支持，你对理论研究的孜孜以求让我自叹不如；感谢李瑶瑶师妹对师兄一如既往的偏爱，你缜密、系统的思维方式以及对实验室高度负责的责任心，让我坚信"掌门"工作你一定会比我做得更好；感谢刘丹丹对师兄的鼓励，艰难岁月里的一句"挺哥，我相信你一定行"伴我迎来了一个又一个柳暗花明的时刻；感谢"财务总监"王蕊不辞辛劳地为大家提供后勤保障，让我们的科研工作少了很多后顾之忧。感谢张晖、胡博文、唐宇娣、赵江萌、张蓝月、戚渊等师弟师妹在资料收集、摘要翻译、论文校稿以及论文答辩过程中所做的大量工作，你们的帮助师兄将永记心间。同时，还要感谢陈庚、晏学丽、彭飞、赵钺、张珂、李晓亮、王兴、吴亮、景思琦、郭稷桁、张蕊等早年毕业的师弟师妹，感谢你们在师兄读博期间提供的所有帮助，我会牢记在朱师门与你们的点点滴滴，愿你们前程似锦！

在攻读博士的千余个日夜里，少不了同窗好友们的帮助。感谢舍友刘超这几年在学习和生活上的陪伴与包容；感谢同窗李超、李牧、胡莹洁、孙锦、姚静韬、刘应成，感谢你们让我拥有四年美好的求学时光，我会将这些记忆永远珍藏；感谢孙丕苓师姐在我遇到困难的时候给予的安慰与关心；感谢张蚌蚌师兄和汪芳甜师姐在问卷设计中给予的细心指导；感谢管青春师姐在一起奋战毕业论文的日子里给予我的诸多关照；感谢黄安师弟本硕博十年来的陪伴和帮助，十年的风雨同舟成就了我们肝胆相照的情义；感谢朱治羽学弟从工作到生活各方面不遗余力的支持。愿你们的未来更加灿烂！

"三人行必有我师"，在成长道路上总离不开朋友的陪伴。感谢中国林业科学研究院的陈科屹博士11年的陪伴，从考研路上的互相鼓励，到读博途中的互相支持，从学习上的共同进步，到生活中的相互帮助，一路披荆斩棘，一路勇往直前，让我们在共同成长中建立起莫逆的情义；感谢中央军委后勤保障部赵志国助理在项目工作中给予的力挺与关照，3 年的并肩合作，让我们建立起深厚的友谊；感谢北京大学李飞博士在算法编程上给予的技术支持；感谢中国人民大学的王平学长在我找工作期间给予的耐心指导；感谢中国人民大学周璇学妹、谢东虹学妹在论文数据分析中给予的无私帮助；感谢自然资源部陶一瑄学弟在土地管理实践方面给予的诸多解答。愿你们的赤诚善良终不被辜负！

感谢含辛茹苦养育我的母亲，她用无私的爱呵护我直到今天，祝母亲幸福安康；感谢我的爱妻谢丽红，虽然相爱 8 年有余，但总是聚少离多，谢谢你对我的理解和最坚定的支持，我会永远爱你，给你幸福。

最后，谨以此文告慰在另一个世界默默护佑我的父亲，他的正直、坦荡、真诚、务实的品格是我一生中最珍贵的财富，他是我心中永远的英雄！

杜 挺

2019 年 5 月 28 日

于中国农业大学

参考文献

[1] 刘守英. 集体地权制度变迁与农业绩效——中国改革40年农地制度研究综述性评论[J]. 农业技术经济，2019(01):4-16.

[2] 刘守英，熊雪锋，龙婷玉. 集体所有制下的农地权利分割与演变[J]. 中国人民大学学报，2019,33(01):2-12.

[3] 谢玲红，吕开宇. 我国农村耕地流转基本特点、区域差异及政策优化——基于8省农户调查的数据[J]. 农村经济，2016(7):34-41.

[4] 杨国力，孔荣，杨文杰. 农地承包经营权转让意愿价格:一个供求均衡——陕西省三县(区)721户农户调查[J]. 农村经济，2014(2):22-26.

[5] 张亮，江庆勇. 高质量发展阶段引导农村土地经营权有序流转的政策建议[J]. 经济纵横，2019(01):99-106.

[6] 周敏，雷国平，匡兵. 信息不对称下的农地流转"柠檬"市场困境——以黑龙江省西城村例证[J]. 华中农业大学学报(社会科学版)，2017(4):118-123.

[7] 刘余，卢华，周应恒. 中国农业生产土地成本的演变趋势及影响分析[J]. 江西财经大学学报，2019(02):48-61.

[8] 全世文，胡历芳，曾寅初，等. 论中国农村土地的过度资本化[J]. 中国农村经济，2018(07):2-18.

[9] 叶兴庆. 集体所有制下农用地的产权重构[J]. 毛泽东邓小平理论研究，2015(02):1-8.

[10] 朱启臻，胡方萌. 耕地流转费用引发的思考[J]. 中国合作经济，2014(12):38-42.

[11] WEGREN S K. Why rural Russians participate in the land market: Socio-economic factors[J]. Post-Communist Economies, 2003,15(4):483-501.

[12] WEGREN S K. Rural land privatization in Russia[J]. Economic Systems, 2002,26(2):175-178.

[13] HARTVIGSEN M. Land reform and land fragmentation in Central and

Eastern Europe[J]. Land Use Policy, 2014, 36: 330-341.

[14] JÜRGENSON E. Land reform, land fragmentation and perspectives for future land consolidation in Estonia[J]. Land Use Policy, 2016, 57: 34-43.

[15] DUKE J M, MARIS̆OVÁ E, BANDLEROVÁ A, et al. Price repression in the Slovak agricultural land market[J]. Land Use Policy, 2004, 21(1): 59-69.

[16] RAWAL V. Agrarian Reform and Land Markets: A Study of Land Transactions in Two Villages of West Bengal, 1977—1995[J]. Mumbai India Indira Gandhi Institute of Development Research, 2001, 49(3): 611-629.

[17] 刘守英. 中国的农业转型与政策选择[J]. 行政管理改革, 2013(12): 27-31.

[18] 叶剑平, 丰雷, 蒋妍, 等. 2016 年中国农村土地使用权调查研究——17 省份调查结果及政策建议[J]. 管理世界, 2018, 34(03): 98-108.

[19] 钱忠好, 冀县卿. 中国农地流转现状及其政策改进——基于江苏、广西、湖北、黑龙江四省(区)调查数据的分析[J]. 管理世界, 2016(2): 71-81.

[20] 孔祥智, 伍振军, 张云华. 我国土地承包经营权流转的特征、模式及经验——浙、皖、川三省调研报告[J]. 江海学刊, 2010(02): 87-92.

[21] 王欢, 杨海娟. 大城市郊区农地流转特征及影响因素实证研究——基于西安市秦岭北麓 684 户农户调查[J]. 西北大学学报(自然科学版), 2018, 48(02): 284-290.

[22] 黄砺, 谭荣. 农地还权赋能改革与农民长效增收机制研究——来自四川省统筹城乡综合配套改革试验区的证据[J]. 农业经济问题, 2015, 36(05): 12-21.

[23] 匡远配, 陆钰凤. 我国农地流转"内卷化"陷阱及其出路[J]. 农业经济问题, 2018(09): 33-43.

[24] 刘守英, 王佳宁. 长久不变、制度创新与农地"三权分置"[J]. 改革, 2017(12): 5-14.

[25] 叶剑平, 蒋妍, 丰雷. 中国农村土地流转市场的调查研究——基于 2005 年 17 省调查的分析和建议[J]. 中国农村观察, 2006(04): 48-55.

[26] BAMBIO Y, BOUAYAD AGHA S. Land tenure security and investment: Does strength of land right really matter in rural Burkina Faso? [J]. World Development, 2018, 111: 130-147.

[27] DILLON B, VOENA A. Widows' land rights and agricultural investment [J]. Journal of Development Economics, 2018,135:449-460.

[28] LAWRY S, SAMII C, HALL R, et al. The impact of land property rights interventions on investment and agricultural productivity in developing countries: a systematic review[J]. Journal of Development Effectiveness, 2017,9(1):61-81.

[29] CHENG W, XU Y, ZHOU N, et al. How did land titling affect China's rural land rental market? Size, composition and efficiency[J]. Land Use Policy, 2019,82:609-619.

[30] LUO B. 40-year reform of farmland institution in China: target, effort and the future[J]. China Agricultural Economic Review, 2018,10(1):16-35.

[31] LE V, LYNE M, RATNA N, et al. The Rental Market for Farmland in Vietnam's Mountainous North Central Coast Region: Outcomes and Constraints[J]. Mountain Research and Development, 2013,33(4):416-423.

[32] BINSWANGER H, DEININGER K, FEDER G. Revolt and Reform in Agricultural Land Relations[J]. Handbook of Development Economics, 1995, 3(1):2659-2772.

[33] KIMURA S, OTSUKA K, SONOBE T, et al. Efficiency of Land Allocation through Tenancy Markets: Evidence from China[J]. Economic Development and Cultural Change, 2011,59(3):485-510.

[34] FENG S. Land rental, off-farm employment and technical efficiency of farm households in Jiangxi Province, China[J]. NJAS - Wageningen Journal of Life Sciences, 2008,55(4):363-378.

[35] HOVE K, NYAMANDI T. An evaluation of the extent of compliance of the Zimbabwean land governance system with the agricultural land rental requirements of temporary migrants: Pilot case study of Esigodini Agricultural College in Matabeleland South Province[J]. International Journal of Agricultural Policy and Research, 2016,4(8):128-142.

[36] 黄少安. 制度经济学[M]. 北京：高等教育出版社，2008.

[37] 罗必良，汪沙，李尚蒲. 交易费用、农户认知与农地流转——来自广东省的农

户问卷调查[J]. 农业技术经济，2012(01):11-21.

[38] 包宗顺，伊藤顺一，倪镜. 土地股份合作制能否降低农地流转交易成本——来自江苏300个村的样本调查[J]. 中国农村观察，2015(01):59-70.

[39] SU B, LI Y, LI L, et al. How does nonfarm employment stability influence farmers' farmland transfer decisions? Implications for China's land use policy[J]. Land Use Policy, 2018,74:66-72.

[40] 马贤磊，仇童伟，钱忠好. 农地产权安全性与农地流转市场的农户参与——基于江苏、湖北、广西、黑龙江四省(区)调查数据的实证分析[J]. 中国农村经济，2015(02):22-37.

[41] KEMPER N, HA L V, KLUMP R. Property Rights and Consumption Volatility: Evidence from a Land Reform in Vietnam[J]. World Development, 2015,71:107-130.

[42] 丰雷，江丽，郑文博. 农户认知、农地确权与农地制度变迁——基于中国5省758农户调查的实证分析[J]. 公共管理学报，2019,16(01):124-137.

[43] 丰雷，蒋妍，叶剑平. 诱致性制度变迁还是强制性制度变迁——中国农村土地调整的制度演进及地区差异研究[J]. 经济研究，2013,48(06):4-18.

[44] 程令国，张晔，刘志彪. 农地确权促进了中国农村土地的流转吗？[J]. 管理世界，2016(01):88-98.

[45] RAHMAN S. Determinants of agricultural land rental market transactions in Bangladesh[J]. Land Use Policy, 2010,27(3):957-964.

[46] MIN S, WAIBEL H, HUANG J. Smallholder participation in the land rental market in a mountainous region of Southern China: Impact of population aging, land tenure security and ethnicity[J]. Land Use Policy, 2017, 68:625-637.

[47] 姜松，王钊，曹峥林. 不同土地流转模式经济效应及位序——来自重庆市的经验证据[J]. 中国土地科学，2013,27(08):10-18.

[48] 梁发超. 农地承包经营权流转模式探讨[J]. 西北农林科技大学学报(社会科学版)，2016,16(01):26-30.

[49] 王珊，洪名勇，吴昭洋，等. 不同农地经营权流转方式的空间依赖性分析[J]. 中国土地科学，2018,32(08):44-51.

[50] 蔡玉胜. 现阶段我国农地流转的六种典型模式及其适用性[J]. 调研世界，2009(02):35-37.

[51] 徐鲜梅. 农村土地流转模式比较研究[J]. 农村经济，2015(02):24-30.

[52] 孔祥智，彭超. 农村土地承包经营权流转的模式、问题与启示[J]. 农村经营管理，2009(06):12-14.

[53] 于传岗. 我国农村土地流转方式、流转成本与治理绩效分析[J]. 江汉论坛，2011(06):82-87.

[54] 仇娟东，赵景峰. 中国土地承包经营权流转:主要模式、运行条件及交易费用分析[J]. 经济经纬，2013(02):38-43.

[55] 凌斌. 土地流转的中国模式:组织基础与运行机制[J]. 法学研究，2014,36(06):80-98.

[56] 晋伟. 中国特色农村土地流转问题研究[D]. 吉林大学，2017.

[57] 农业部农村经济体制与经营管理司等. 中国农村经营管理统计年报—2016年[M]. 北京:中国农业出版社，2017.

[58] VRANKEN L, SWINNEN J. Land rental markets in transition: Theory and evidence from Hungary[J]. World Development, 2006,34(3):481-500.

[59] JIN S, JAYNE T S. Land Rental Markets in Kenya: Implications for Efficiency, Equity, Household Income, and Poverty[J]. Land Economics, 2013,89(2):246-271.

[60] HUY H T, NGUYEN T T. Cropland rental market and farm technical efficiency in rural Vietnam[J]. Land Use Policy, 2019,81:408-423.

[61] LU H, XIE H. Impact of changes in labor resources and transfers of land use rights on agricultural non-point source pollution in Jiangsu Province, China[J]. Journal of Environmental Management, 2018,207:134-140.

[62] 刘卫柏，郑爱民，彭魏倬加，等. 农村土地流转与劳动生产率变化——基于CIRS调查数据的实证分析[J]. 经济地理，2017,37(12):195-202.

[63] 王雪琪，曹铁毅，邹伟. 地方政府干预农地流转对生产效率的影响——基于水稻种植户的分析[J]. 中国人口·资源与环境，2018,28(09):133-141.

[64] 尚旭东，朱守银. 家庭农场和专业农户大规模农地的"非家庭经营":行为逻辑、经营成效与政策偏离[J]. 中国农村经济，2015(12):4-13.

[65] LIU Y, YAN B, WANG Y, et al. Will land transfer always increase technical efficiency in China—A land cost perspective[J]. Land Use Policy, 2019, 82:414-421.

[66] AWASTHI M K. Dynamics and resource use efficiency of agricultural land sales and rental market in India[J]. Land Use Policy, 2009,26(3):736-743.

[67] YANG H. Land Rental Market and Agricultural Production Efficiency: A Bayesian Perspective, Cham, 2014[C]. Springer International Publishing, 2014.

[68] 曲福田. 土地经济学[M]. 北京:中国农业出版社, 2011.

[69] 段正梁, 张维然, 叶振飞. 论土地价值的内涵、来源及其特殊性[J]. 同济大学学报(社会科学版), 2004,15(1):30-35, 47.

[70] 周诚. 从土地构成看土地价值理论及其应用[J]. 中国房地产, 1996:5-7.

[71] MU S, ZHANG Y, WANG K, et al. Agricultural Land Contract and Management Rights: Transferring Price and Countermeasures in Typical Agricultural Areas of China[J]. Journal of Resources and Ecology, 2012,3(3): 262-268.

[72] 杨蕾, 王雄. 农用地流转价值与征地价值的对比分析[J]. 中国国土资源经济, 2013(4):63-66.

[73] 伍育鹏, 薛剑. 对农用地估价方法的反思[J]. 中国土地科学, 2009,23(9): 36-40.

[74] 朱文珏, 罗必良. 农地价格幻觉:由价值评价差异引发的农地流转市场配置"失灵"——基于全国 9 省(区)农户的微观数据[J]. 中国农村观察, 2018(05):67-81.

[75] AWASTHI M K. Socioeconomic determinants of farmland value in India [J]. Land Use Policy, 2014,39:78-83.

[76] LEHN F, BAHRS E. Analysis of factors influencing standard farmland values with regard to stronger interventions in the German farmland market [J]. Land Use Policy, 2018,73:138-146.

[77] MASSETTI E, MENDELSOHN R, CHONABAYASHI S. How well do degree days over the growing season capture the effect of climate on farm-

land values? [J]. Energy Economics，2016,60:144-150.

[78] MISHRA A K，MOSS C B. Modeling the effect of off-farm income on farmland values：A quantile regression approach[J]. Economic Modelling，2013,32:361-368.

[79] SARDARO R，BOZZO F，FUCILLI V. High-voltage overhead transmission lines and farmland value：Evidences from the real estate market in Apulia，southern Italy[J]. Energy Policy，2018,119:449-457.

[80] KOGUASHVILI P，RAMISHVILI B. Specific of agricultural land's price formation[J]. Annals of Agrarian Science，2018,16(3):324-326.

[81] BÓRAWSKI P，BEŁDYCKA-BÓRAWSKA A，SZYMANSKA E J，et al. Price volatility of agricultural land in Poland in the context of the European Union[J]. Land Use Policy，2019,82:486-496.

[82] YANG X，RITTER M，ODENING M. Testing for regional convergence of agricultural land prices[J]. Land Use Policy，2017,64:64-75.

[83] 王亚辉，李秀彬，辛良杰，等. 中国土地流转的区域差异及其影响因素——基于2003—2013年农村固定观察点数据[J]. 地理学报，2018,73(3):487-502.

[84] 范乔希，冉莉君. 浅谈山区农地流转过程中零租金现象——以重庆市为例[J]. 中国统计，2018(2):63-65.

[85] 田先红，陈玲. 地租怎样确定——土地流转价格形成机制的社会学分析[J]. 中国农村观察，2013(06):2-12.

[86] 尚旭东. 政府主导农地流转能"增效保粮"吗——基于地租乘数、成本变动和议价地位的一个分析[J]. 农村经济，2016(01):32-38.

[87] 尚旭东，常倩，王士权. 政府主导农地流转的价格机制及政策效应研究[J]. 中国人口·资源与环境，2016,26(08):116-124.

[88] BALLESTERO E. Sobre valoración sintética de tierras y un nuevo método aplicable a la concentración parcelaria[J]. Revista de Economía Política，1971,57:225-238.

[89] HERRERÍAS-VELASCO J M，HERRERÍAS-PLEGUEZUELO R. Valuation method for land pricing based on two cumulative distribution functions

[J]. Spanish Journal of Agricultural Research，2010,8(3):538-546.

[90] GARCÍA C，GARCÍA J，LÓPEZ M M，et al. A generalized method for valuing agricultural farms under uncertainty[J]. Land Use Policy，2017，65:121-127.

[91] FRANCO M，VIVO J M，HERRERÍAS R. A quick assessment from expert judgements to assist in farmland valuation[J]. Land Use Policy，2015，46:324-329.

[92] NAUDÉ S D，KLEYNHANS T E，van NIEKERK A，et al. Application of spatial resource data to assist in farmland valuation[J]. Land Use Policy，2012,29(3):614-628.

[93] 朱道林,郧文聚. 农用地定级估价理论与实践[M]. 北京:地质出版社，2008.

[94] 张振华. 基于收益现值法的农村土地流转价格研究[J]. 中央财经大学学报，2013(12):58-62，69.

[95] 王浩. 农地抵押估价方法适用性分析及完善对策[J]. 湖南社会科学，2013(03):159-162.

[96] 朱道林，杜挺. 中国耕地资源资产核算方法与结果分析[J]. 中国土地科学，2017,31(10):23-31,封2,封3.

[97] 苏晓鹏，冯文丽. 论农村土地承包经营权流转价格评估问题[J]. 价格理论与实践，2009(5):67-68.

[98] 张颖，朱奎. “三权分置”下农地经营权流转价格研究——基于价格博弈的分析[J]. 价格理论与实践，2018(08):77-81.

[99] 黄伟，邢娇阳. 我国农地流转租金实践与模型修正[J]. 农村经济，2013(08):34-36.

[100] 常春，金晓斌，周寅康. 基于能值理论的农用地估价方法与实证研究[J]. 中国土地科学，2010,24(05):26-31.

[101] 黄艳敏，张岩贵. 农地流转的机会益贫化估值模型分析[J]. 经济问题，2014(04):70-74.

[102] 朱奇云. 农地流转价格的新动向及研究——以江苏南通为例[J]. 中国集体经济，2008(22):12-13.

[103] 杜丽娟，赵艳霞，任伟. 马克思地租理论在土地流转定价中的应用研究[J].

农业经济，2010(4)：55-57.

[104] 申云，朱述斌，邓莹，等. 农地使用权流转价格的影响因素分析——来自农户和区域水平的经验[J]. 中国农村观察，2012(03)：2-17.

[105] 王颜齐，郭翔宇. 农地流转的制度经济学分析[M]. 北京：中国农业出版社，2012.

[106] KILIAN S，ANTÓN J，SALHOFER K，et al. Impacts of 2003 CAP reform on land rental prices and capitalization[J]. Land Use Policy，2012，29(4)：789-797.

[107] 伍振军，孔祥智，郑力文. 农地流转价格的影响因素研究——基于皖、浙两省413户农户的调查[J]. 江西农业大学学报(社会科学版)，2011，10(03)：1-6.

[108] 邓大才. 制度安排、交易成本与农地流转价格[J]. 中州学刊，2009(02)：58-61.

[109] 陈奕山. 人情：中国的一种农地租金形态[J]. 华南农业大学学报(社会科学版)，2018，17(05)：94-103.

[110] 石玲玲. 农地流转市场异质性、认知与选择意愿[J]. 农村经济，2018(04)：49-57.

[111] 黄善香. 中国种植养殖技术百科全书[M]. 海口：南方出版社，1999.

[112] 吴泽秀，蒋芳玲，刘敏，等. 大蒜花芽分化进程及其解剖结构和形态特征变化[J]. 植物资源与环境学报，2019，28(01)：25-33.

[113] CHEN Y，FIK T. Housing-market bubble adjustment in coastal communities - A spatial and temporal analysis of housing prices in Midwest Pinellas County，Florida[J]. Applied Geography，2017，80：48-63.

[114] WEN L，BUTSIC V，STAPP J R，et al. What happens to land price when a rural construction land market legally opens in China? A spatiotemporal analysis of Nanhai district from 2010 to 2015[J]. China Economic Review，2018.

[115] 唐晓莲，利振焜. 广州市工业用地出让价格时空演变分析[J]. 价格理论与实践，2018(01)：70-73.

[116] 曹天邦，黄克龙，李剑波，等. 南京市主城区住宅地价的时空演变[J]. 地理

研究，2012,31(06):1029-1038.

[117] 杨剩富，胡守庚，瞿诗进. 城市地价与城镇化水平空间分布关系——基于湖北省80个县(市、区)的测度研究[J]. 资源科学，2017,39(02):325-334.

[118] 梁彦庆，蔡兴冉，张立彬，等. 区域城市地价影响差异及极值衰减度研究——以全国105个地价监测城市为例[J]. 干旱区资源与环境，2018,32(09):49-57.

[119] 瞿诗进，胡守庚，李全峰，等. 城市住宅地价影响因素的定量识别与时空异质性——以武汉市为例[J]. 地理科学进展，2018,37(10):1371-1380.

[120] SADAYUKI T. Measuring the spatial effect of multiple sites: An application to housing rent and public transportation in Tokyo, Japan[J]. Regional Science and Urban Economics, 2018,70:155-173.

[121] GONG Y, HU J, BOELHOUWER P J. Spatial interrelations of Chinese housing markets: Spatial causality, convergence and diffusion[J]. Regional Science and Urban Economics, 2016,59:103-117.

[122] 王洋，王德利，刘丽华，等. 中国城市住宅价格的空间分化及其土地市场影响[J]. 中国土地科学，2015,29(06):33-40.

[123] 丁洁. 分化与融合[M]. 武汉:武汉大学出版社，2016.

[124] 赵松，李超. 工业与住宅用地价格“异象”分析——兼谈比价机制的建设问题[J]. 中国土地，2015(07):15-18.

[125] 赵松，李超. 工业用地市场及工业与居住用地比价研究综述[J]. 中国土地科学，2015,29(06):4-10.

[126] 国土资源部土地利用管理司等. 中国城市地价报告—2017[M]. 北京:地质出版社，2018.

[127] 金媛，王世尧. “财”“政”激励与土地出让市场分割:整合还是分化?[J]. 中央财经大学学报，2015(06):20-27.

[128] 胡新艳，洪炜杰. 农地租约中的价格决定——基于经典地租理论的拓展分析[J]. 南方经济，2016(10):1-11.

[129] 蒋永甫. 让农地流转起来——集体产权视角下的农地流转机制主体创新研究[M]. 北京:人民出版社，2017.

[130] 李秉龙，薛兴利. 农业经济学[M]. 3版. 北京:中国农业大学出版社，2015.

[131] 张雯丽，沈贵银，曹慧，等. “十三五”时期我国重要农产品消费趋势、影响与对策[J]. 农业经济问题，2016,37(03):11-17.

[132] 郧文聚，张蕾娜，陈桂坤，等. 基于农用地分等的耕地占补平衡项目评价研究[J]. 中国土地科学，2008,22(10):58-63.

[133] 孙洛平，孙海琳. 产业集聚的交易费用理论[M]. 北京：中国社会科学出版社，2006.

[134] WILLIAMSON O. E. 资本主义经济制度[M]. 北京：商务印书馆，2017.

[135] 张五常. 经济解释[M]. 北京：中信出版社，2012.

[136] 江淑斌，李帆. 农地流转交易媒介的使用及选择[J]. 经济经纬，2018,35(06):30-35.

[137] 陆文聪，余新平. 农村土地还权赋能的必要性及可行性[J]. 改革，2014(03):40-46.

[138] 马志远，孟金卓，韩一宾. 地方政府土地流转补贴政策反思[J]. 财政研究，2011(03):10-14.

[139] 蒋永甫，张小英. 农地流转主体的交易成本——基于种养大户、家庭农场、合作社及龙头企业的比较[J]. 学术论坛，2016,39(02):43-48.

[140] 国家发展和改革委员会价格司. 全国农产品成本收益资料汇编—2017[M]. 北京：中国统计出版社，2017.

[141] 范传棋，范丹. 高额耕地租金：原因解析与政策启示[J]. 四川师范大学学报(社会科学版)，2016,43(06):114-120.

[142] 黄卉. 改革开放以来我国粮食产量的影响因素及对策分析[J]. 经济研究导刊，2010(17):65-67.

[143] 肖捷. 一场终结了 2 600 年“皇粮”历史的改革[J]. 中国财政，2011(17):8-15.

[144] 江国成. 我国 10 年前开始实施的粮食最低收购价政策述评[EB/OL]. http://www.gov.cn/jrzg/2013-06/18/content_2428386.htm.

[145] 孙新华. 强制商品化：“被流转”农户的市场化困境——基于五省六地的调查[J]. 南京农业大学学报(社会科学版)，2013,13(05):25-31.

[146] 赵金龙. 中国农地流转问题研究[M]. 北京：中国农业出版社，2014.

[147] 刘振国. 陕西代表团孙其信等 15 名代表呼吁警惕产粮区农地流转“非粮化”

倾向[EB/OL]. http://www.cgl.org.cn/auto/db/detail.aspx?

[148] 蔡道明，李柏，许文盛，等. 基于ASTERGDEM数据的湖北省地形起伏度及其与人口和经济的关系研究[J]. 水土保持通报，2017,37(05):231-234.

[149] 尹海伟,孔繁花. 城市与区域规划空间分析实验教程[M]. 南京:东南大学出版社，2016.

[150] 穆松林. 区域土地承包经营权流转价格研究[D]. 河南大学，2010.

[151] 张征. 广东省农村土地流转状况调研报告[J]. 宏观经济研究，2009(01):50-55.

[152] 赵美玲，王素斋，杨秀萍，等. 关于促进和规范天津农村土地承包经营权流转的研究[J]. 理论与现代化，2010(04):19-26.

[153] 杜挺，谢贤健，梁海艳，等. 基于熵权TOPSIS和GIS的重庆市县域经济综合评价及空间分析[J]. 经济地理，2014,34(06):40-47.

[154] TSAI P, TENG H. Role of Aedes aegypti (Linnaeus) and Aedes albopictus (Skuse) in local dengue epidemics in Taiwan[J]. BMC Infectious Diseases，2016,16(1):662.

[155] 侯志强. 交通基础设施对区域旅游经济增长效应的实证分析——基于中国省域面板数据的空间计量模型[J]. 宏观经济研究，2018(06):118-132.

[156] 王江，刘莎莎. 金融发展、城镇化与雾霾污染——基于西北5省区的空间计量分析[J]. 工业技术经济，2019,38(02):77-86.

[157] 胡存智. 中国农用土地分等定级理论与方法研究——兼论《农用地分等规程》总体思路及技术方案设计[J]. 中国土地科学，2012,26(03):4-13.

[158] 程锋，王洪波，郧文聚. 中国耕地质量等级调查与评定[J]. 中国土地科学，2014,28(02):75-82.

[159] 郧文聚. 我国耕地资源开发利用的问题与整治对策[J]. 中国科学院院刊，2015,30(04):484-491.

[160] 吴学兵，汪发元，黎东升. 规模化经营中土地流转价格影响因素的实证分析[J]. 统计与决策，2016(10):87-90.

[161] 张文彤,董伟. SPSS统计分析高级教程[M]. 北京:高等教育出版社，2018.

[162] 朱道林，李瑶瑶. 农村土地制度改革的经济学考察[J]. 中国土地科学，2018,32(03):1-5.

[163] 朱道林，杨邦杰，郧文聚，等. 中国乡村发展的土地资源基础与制度保障[J]. 中国发展，2017,17(02):38-41.

[164] 诸培新，张建，张志林. 农地流转对农户收入影响研究——对政府主导与农户主导型农地流转的比较分析[J]. 中国土地科学，2015,29(11):70-77.

[165] 黄忠怀，邱佳敏. 政府干预土地集中流转:条件、策略与风险[J]. 中国农村观察，2016(02):34-44.

[166] 朱道林. 土地增值收益分配悖论[M]. 北京:科学出版社，2017.